AF325381

LE BONHEUR

DANS

LES CAMPAGNES.

NOUVELLE ÉDITION,

Considérablement augmentée.

C'est la cour qu'on doit fuir ; c'est aux champs qu'il faut vivre.
VOLT. *Épitre sur l'Agricult.*

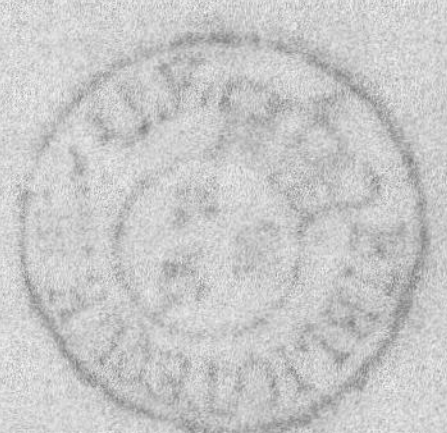

A NEUFCHATEL,

Et se trouve à PARIS,

Chez ROYEZ, Libraire, Quai des Augustins, près
le Pont-neuf.

M. DCC. LXXXVIII.

AVANT-PROPOS

POUR CETTE SECONDE ÉDITION.

CETTE seconde édition d'un Ouvrage que, malgré ses imperfections, le Public a reçu avec indulgence, paraît dans une circonstance bien favorable, lorsque le Gouvernement occupé de réparer des fautes et des erreurs anciennes, cherche à rendre à la France sa splendeur, à l'élever à un état de prospérité qu'elle n'a jamais connu, et fixe les esprits sur les plus importans objets de l'Administration.

C'est quand on travaille à rendre une grande nation heureuse, qu'on doit lire, avec quelque intérêt, un écrit dont le Bonheur dans les Campagnes est le sujet. J'ai tâché d'en diminuer les défauts et de lui donner plus de mérite en ajoutant cinq Chapitres qui me semblent importans (*).

(*) Ces Chapitres sont le VII, le VIII, le IX, le XVI, et le XVII.

Peut-être on trouvera que j'offre peu de vues nouvelles, et moi je me plains que les vues que j'offrent ne soient pas usées depuis long-tems.

La meilleure manière de servir les hommes n'est pas toujours de les étonner par des idées neuves et vastes. Il vaut mieux les ramener souvent aux bonnes idées qu'ils laissent sans effet. Ils sont comme le roc que le marteau ne pénetre qu'à force de répéter ses coups.

Depuis quarante ans les vrais sages, ceux qui s'occupent du bonheur des peuples, moins touchés de la gloire d'être rangés parmi les génies créateurs, qu'enflammés du désir d'être utiles aux humains, ne se lassent point de redire les mêmes vérités, captivent l'attention par leur persévérance, et forcent les Gouvernemens à se rendre enfin aux demandes de la raison.

Les Ecrivains philosophes forment l'opinion publique, et par l'opinion régnent sur le monde. Si l'indifférence avec laquelle ils ont été d'abord écoutés les eût rebuté, nous ne verrions pas la France prête à se régénérer par leurs principes. Ils ont beaucoup obtenu, il leur reste beaucoup à obtenir encore.

C'est à eux que la nation doit ces Administrations, que la communication des lumières et le tems rendront plus parfaites ; cet abolissement de la servitude imposée dans des siècles barbares par des hommes barbares ; cet adoucissement, trop faible encore, à la rigueur exercée contre les chrétiens des communions différentes de la nôtre, cette promesse solemnelle d'un Gouvernement juste et paternel, d'assembler les États généraux, cette promesse consolante qui pouvait seule ranimer les espérances de la France. Mais tandis que tous les vœux de la sagesse et de l'humanité ne seront point exaucés, elles auront droit de les renouveller et de forcer à les accomplir par l'empire de la raison.

Un des grands bienfaits de ce règne est d'avoir rendu la liberté à la pensée, quand elle est sans audace et sans licence.

Je ne dirai qu'un mot de cet Ouvrage. Comme il y a eu peu de mérite à le faire, des éloges ne lui sont pas dus; comme l'amour du bien l'a fait entreprendre, la critique lui doit des égards. C'est devant ma conscience que je l'ai écrit, et en l'écrivant j'ai senti qu'il est bien plus doux de s'occuper obscurément du bonheur des hommes, que de travailler avec effort à ravir leur admiration. Qui doute que l'Abbé de S. Pierre (*), qui n'est connu que par la bonté de son ame, n'ait été bien plus heureux que Voltaire dans tout l'éclat de sa gloire.

(*) Il semble que l'humanité s'est plue à choisir des hommes de ce nom pour ses Apôtres. Jamais elle n'en eut de plus éloquent, de plus touchant, de plus rempli d'intérêt, de véritable imagination, de pompe, d'harmonie et de charme, que M. Bernardin de S. Pierre. Je le remercie du bonheur qu'il m'a procuré, et je lui souhaite, non la gloire qu'il mérite, qu'il dédaigne, et qui le couronne malgré lui; mais le calme et la félicité dont il est si digne.

A MONSIEUR NECKER.

CE nom dit plus que beaucoup d'éloges. Il lie mon Ouvrage à d'importans souvenirs de la postérité ; à celui d'un homme que la retraite a encore agrandi ; à celui d'un ministre qui força le respect de l'Europe, et qui, après avoir déployé, pendant une trop courte administration, toutes les forces du génie, et montré toute la puissance de la vertu, est encore, par les lumières qu'il répand, le bienfaiteur du peuple qu'il a voulu rendre heureux.

INTRODUCTION.

J'AI vu les maux des Campagnes, et j'en ai cherché les remèdes. Voilà, en deux mots, le but et le plan de cet ouvrage.

LE BONHEUR

DANS

LES CAMPAGNES.

CHAPITRE PREMIER.

D E S principales causes de la misère du Peuple des Campagnes.

LES rois, les ministres, les grands et les riches savent que le peuple est malheureux ; ils le savent, mais sans le connaître. Pour pénétrer jusqu'à l'ame, il faut que le spectacle même de la misère frappe les yeux. Ce n'est pas de leurs cours, ce n'est pas du sein des délices, que les princes envoient des secours aux infortunés : c'est dans leurs voyages

A

qu'ils les répandent ; c'est en voyant ceux qui souffrent, qu'ils sentent puissamment le besoin de les soulager. Le tableau le plus pathétique de la misère, excite une émotion passagère bientôt détruite par l'immense quantité des objets qui se succèdent. Quand les sensations se renouvellent sans cesse, les sentimens ne peuvent être profonds.

Le souverain et son conseil jusqu'à présent occupés des rapports politiques de la France avec le reste du monde, et des soins glorieux, mais pénibles, qu'exigeait une guerre dispendieuse et difficile, ont été forcés de penser plus aux moyens de vaincre nos ennemis, qu'à ceux de nous régénérer.

C'est loin des habitans de la campagne et de la vraie gloire, que se portent les idées des grands. Observer quelle est la route qui conduit à la faveur, ne rien négliger pour obtenir du crédit, solliciter les places, arracher les graces ; ce sont-là d'assez fortes occupations pour remplir tous les momens de leur vie.

Les riches éteints ou dépravés par la multitude des jouissances, ont tout, excepté la force et la volonté d'être heureux. Cependant le peuple, dans l'abandon, languit, souffre, perd sa gaieté, son courage et son amour pour le sol qui l'a vu naître (1).

Nous allons rapidement indiquer les principales causes de ses maux, et dans les chapitres suivans nous proposerons des moyens simples et faciles de les détruire.

L'excès du luxe, l'abus du pouvoir, la négligence de ceux que le gouvernement prépose pour administrer les provinces, la maniere inégale, arbitraire, injuste, dont les impositions sont réparties, et l'extrême dureté avec laquelle souvent elles sont perçues, les corvées et les pertes qu'elles entraînent ; voilà les principes de la misère des campagnes.

Ce n'est pas ici le lieu de discuter la grande question sur les avantages et les inconvéniens du luxe dans les grands empires ; il serait, je crois, très-difficile, et peut-être même peu sage de l'en bannir : mais ne serait - il pas nécessaire de le diriger et de lui fixer des bornes ? Modéré , il est un bien ; excessif, il est le premier des maux.

Sans doute, par-tout où il y a des richesses, il faut qu'elles soient employées ; mais dans la proportion de ces mêmes richesses, si l'on cesse de la maintenir , bientôt naît le désordre général. L'état s'obère , parce que les distinctions , les honneurs , ne suffisent plus pour marquer la faveur, pour récompenser les services réels ou prétendus. Il faut que le trésor public soit ouvert aux favoris , et double ou triple les émolumens des places. Ces places, quoique les pensions, les gratifications fortes s'y joignent , sont loin de suffire aux dépenses qu'elles entraînent ; on veut pourtant fournir aux frais énormes de la représentation , et même au désir de la rendre chaque jour plus magnifique encore. Par quels moyens y parvient - on ? Les larmes du créancier trompé , les cris de l'ouvrier qui ne reçoit pas son salaire, les plaintes des subalternes qui regrettent leurs présens , les cla-

meurs élevées contre les rapines, les injustices journalières les indiquent assez, sans
que je me permette de les décrire.

Ces maux sont considérables : cependant
ce sont les moindres de ceux que produit le
luxe immodéré des riches et des grands. L'e-
xemple qu'ils donnent est cent fois plus funeste ; ils inspirent le goût de cette élégance
recherchée, de cette délicatesse extrême, de
cette somptuosité outrée, dans les tables, les
équipages, les ameublemens ; de cet éclat, de
cette magnificence dont ils offrent le spectacle. Imités d'abord par ceux dont la fortune
est considérable, ils ne tardent pas à l'être
par tous ceux à qui leur état permet de les
approcher. L'épidémie fait des progrès rapi-
des, et ne s'arrête qu'où la pauvreté lui pose
des bornes invincibles. Il n'est plus d'équilibre entre les revenus et les dépenses : toutes
les situations sont forcées ; et pour les soutenir, tous les moyens sont extrêmes ou hon-
teux. Les plus grands seigneurs, eux-mêmes,
n'ont plus assez de richesses ; leur fortune

A iij

s'épuise, leurs dettes s'accumulent, et avec
la confiance, ils perdent la considération et
le respect qu'on accordait à leurs noms et à
leurs dignités.

Du luxe excessif naît l'excessive cupidité;
l'argent devient le mobile unique de toutes
les actions; les spéculations sur les moyens
d'en avoir, occupent tous les esprits. Les ressources épuisées, on en cherche de nouvelles,
et c'est toujours le peuple qui les fournit.
Pressé par la dépense, on est dans l'impossibilité d'avoir égard à sa situation, aux circonstances et à ses besoins. Au lieu de l'administration des régies, plus douce pour les
habitans et plus avantageuse pour les seigneurs, ceux-ci sont obligés, pour recevoir
leurs revenus à des époques certaines, et sur-
tout pour obtenir des avances considérables
sur le prix de leurs terres, d'avoir recours à
des fermiers. Ces fermiers veulent, avec raison, beaucoup gagner; et les droits qu'ils
exercent pour un tems limité, ils les exigent
avec une rigueur destructive. Le mal se pro-

page, et au bout de trois baux, une terre est ruinée. Pour achever de la désoler, vient la finance avec son régime dévastant ; viennent les abus de l'autorité, non pas de la part du prince qui les ignore, mais de la part des sous-ordres nombreux qui sont employés, qui tous vivent, qui tous s'enrichissent aux dépens du peuple. Pour croire aux excès qu'ils commettent, il faut avoir vécu dans les lieux qu'ils oppriment. Les impôts, inégalement, arbitrairement répartis, toujours moins forts dans les environs des villes que dans les cantons qui s'en éloignent, perçus sans ménagement, sans pitié, sans respect pour les circonstances funestes, comme les maladies sur le bétail, les grêles, les récoltes anéanties ; les exemptions injustes qui reportent sur les paysans des charges, que des ennoblis, des possesseurs d'emploi sans exercice seraient plus en état de fournir qu'eux ; les travaux des chemins auxquels les nobles, les riches, les ecclésiastiques, les religieux ne contribuent point, tandis que c'est à eux sur-tout

que les routes sont utiles ; les procès enfin ,
sont les principales sources des maux nombreux , de l'abandon , de l'abattement dans
lesquels le peuple des campagnes gémit. Li-
vrons-nous à l'espérance de trouver des remèdes à ces maux , et soyons soutenus par
l'idée consolante que notre zèle sera utile.

NOTE.

(1) Dans l'année 1771 , la Lorraine , une partie de
la Bourgogne, la Franche-Comté , la Bresse, manquè-
rent de grains. Le peuple réduit à la misère , tomba dans
l'excès du découragement. Alors se répandit la croyance
que l'impératrice reine possédait , sur les frontières de
la Hongrie , un pays fertile et sans habitans , et qu'elle
offrait des terres et un sort heureux à ceux qui voudraient
s'y établir. Ce bruit vague et sans fondement , suffit pour
ranimer une foule d'hommes dans l'abattement. Le rire
du désespoir sur les lèvres , ils vendent au plus vil prix
ce qu'ils possèdent , entraînent leurs femmes et leurs enfans , et partent pour des lieux dont le nom même ne
leur est pas connu. L'émigration fut considérable , malgré les précautions que prit le gouvernement. Elle l'eût
été bien davantage sans les secours que répandirent les

seigneurs et les curés. M. le duc de la Rochefoucault, vertueux dès sa plus tendre jeunesse, qui possédait alors les terres les plus considérables de la Franche-Comté, fit venir du Piémont une assez grande quantité de rix, pour procurer une nourriture bonne et abondante à tous ceux de ses vassaux qui en auraient manqué. Son exemple fut suivi par un grand nombre de seigneurs, et par les dignes pasteurs des villages. Le mal ne fit pas tous les progrès qu'il aurait fait, s'il n'eût été arrêté par les sollicitudes et les soins de la charité. Cet exemple prouve que le peuple abandonné, peut aisément prendre un parti extrême : il prouve aussi combien des seigneurs humains et des curés charitables peuvent faire de bien dans les campagnes, et devenir utiles à l'état.

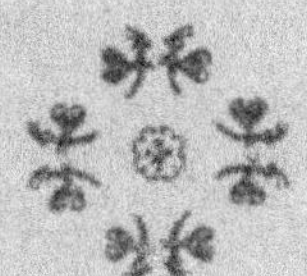

CHAPITRE II.

Remèdes généraux.

Connaitre les principes du mal, c'est avoir fait un pas vers le bien. Qui ne voit le désordre que cause le luxe dans son excès? On s'effraye, on s'alarme des suites plus funestes qu'il peut avoir encore. Mais à quoi sert une crainte stérile? Quand notre demeure s'embrâse, ne restons pas dans un immobile et stupide effroi; éclairés par les flammes mêmes de l'incendie, allons rapidement l'éteindre.

Rois sages, ministres éclairés, respectables magistrats, pontifes vertueux, c'est en vos mains que sont les moyens de réprimer ce luxe extrême, qui répand la misère sur les deux tiers de la nation, et fait perdre au reste son bonheur, en détruisant toutes ses vertus.

Leurs talens, leurs travaux, leurs tributs, leur vie, voilà ce que les sujets doivent à l'état. L'exemple, la surveillance, les soins, voilà la dette des rois. C'est à eux à tenir la balance de l'ordre, à prévenir les causes de la corruption générale, à les arrêter ; c'est à eux à remonter le ressort de l'honneur, à combattre le vice, à ranimer la vertu, à répandre la prospérité.

Louis XIV, éclairé par Colbert, crut que le luxe était nécessaire à l'éclat, et même au bonheur d'un grand empire, Il le fit naître ; mais il le dirigea. Il imprima sur toute la nation son caractère de grandeur. La gloire de son règne, la majesté de sa cour, le spectacle pompeux de ses fêtes, les sublimes productions de tous les arts, et le sentiment profond de l'honneur, élevèrent tous les esprits. Les grands étaient magnifiques avec grace et avec dignité ; les riches jouissaient et faisaient jouir de leur fortune avec noblesse ; le commerce, encouragé et toujours sûr de voir rentrer ses fonds augmentés, fleurissait ; les ouvriers exactement payés, non encore corrompus par les excès de la débauche, points distraits par ces spectacles où tous les jours on leur donne toutes les leçons du vice, étaient assidus à leurs atteliers (1) ; les campagnes fournissaient les denrées et toutes les matières premières des métiers ; l'argent circulait , il retournait dans les provinces par le moyen de ces superbes travaux qu'un grand roi sait concevoir et entreprendre. Les hommes occupés par-tout , n'éprouvaient la misère nulle part. L'honneur était un frein pour les hommes puissans , qui alors pouvaient encore rougir , et la justice vengeait les faibles qui avaient à se plaindre.

Sous le règne de Louis XIV , chacun de ses sujets avaient un mouvement d'orgueil en songeant qu'il était Français , et craignait d'avilir un nom si cher. Cependant , et avec quelque apparence , on a reproché à ce roi de n'avoir pas assez arrêté ses regards sur les campagnes ? Mais au génie qui lui fit créer un siècle , pouvait-il joindre toutes les lumières que le tems amène , et que la méditation perfectionne ?

Pendant la régence, vint avec la confusion de tous les états, le renversement de tous les principes. La liberté sans borne des opinions, fit naître la licence sans frein. Le vice n'eut plus de masque; il ne fut plus de respect pour la vertu.

Les empires parvenus au plus haut point de leur dignité, sont peut-être, quand les circonstances les entraînent, ceux qui tendent à la dégradation avec le plus de rapidité. Voyez-en les progrès parmi nous; ils sont affreux, sans doute : mais est-il impossible de les arrêter? l'est-il même de nous replacer au point élevé d'où nous sommes tombés? Non ; sans que son grand caractère leur soit nécessaire, les successeurs de Louis XIV peuvent reproduire ce qu'il a opéré, et même porter le bien beaucoup au-delà des limites où il s'était arrêté. Ils auront son exemple, ils connaîtront ses fautes ; ils auront l'expérience d'un siècle de vice et de malheurs ; ils auront les écrits d'un petit nombre de sages : lumières toujours subsistantes, qui serviront sans cesse à les éclairer.

Qu'il me soit permis d'indiquer quelques-
uns des moyens qu'ont les rois pour régénérer leurs empires ; leurs sujets, comme
l'argile, prennent toutes les formes qu'ils
veulent leur donner.

Le vice déshonorant, qui actuellement do-
mine les Français, n'est que trop connu ;
c'est l'union de la prodigalité sans retenue,
avec la cupidité sans bornes. Pour eux, l'argent est devenu le prix de tout. Pour de l'argent, il n'est rien qu'on ne vende : avec de
l'argent il n'est rien qu'on n'achète. Voilà,
c'est en frémissant qu'on est forcé de le dire,
voilà le dernier période de la dégradation.
Eh bien ! notre roi saura nous en relever.
Après avoir rendu la paix aux deux mondes,
il rendra à ses peuples leurs anciennes vertus. Ce n'est pas à lui qu'il sera difficile d'en
donner l'exemple.

L'extrême abus du luxe est d'entraîner dans
une dépense beaucoup plus forte que ne le sont
les moyens de la soutenir. On sent quelles
injustices, quels vices, quels crimes cet abus
entraîne. Que le roi dise : Je ne veux plus qu'ils

se commettent ; ils ne se commettront plus.

Il est une simplicité noble, une économie sage, qui s'allient même avec la majesté du trône. Que les rois n'en écartent pas les décorations nécessaires, la magnificence et la pompe ; mais qu'ils n'en laissent pas approcher la profusion ; quand ils auront la force de ne pas se la permettre, leurs courtisans n'oseront pas l'introduire sous leurs yeux. Ah ! si les rois savaient combien la stérile gloire de briller à leurs fêtes cause de trouble, fait répandre de larmes, ôte la possibilité d'être généreux et humain, ils arrêteraient cette émulation de dépense, d'autant plus ruineuse, qu'elle se porte sur de plus frivoles objets (2). Qu'il leur serait facile de ramener parmi les gens de la cour, l'esprit d'ordre, en le récompensant par la faveur, ou du moins par les marques de l'estime !

Digne d'Avrey, bienfaisant Charot, noble et respectable d'Ayen, éclairé vertueux la Rochefoucault, que n'approchez-vous plus souvent de votre Roi ? C'est vous qui devien-

driez ses amis ; c'est vous qu'il offrirait à la
nation pour modèles. Les riches, les grands
apprendraient à faire un respectable usage de
leur or, pour jouir aussi de la considération que vous avez obtenue, et que l'amitié
du monarque rendrait encore plus éclatante ;
ils marcheraient sur vos traces. Ils soutien-
draient avec noblesse la représentation qu'e-
xige leur rang ; et comme les vôtres, leurs
vassaux auraient des pères. Ce ne serait
plus pour en arracher toutes les ressources
qu'ils songeraient qu'ils ont des terres. Souvent
visitées par eux, ils en augmenteraient la valeur, y répandraient la prospérité. Ils y formeraient des établissemens utiles, y porteraient des secours nécessaires, détruiraient
les abus destructeurs, puniraient les administrateurs négligens ou infidèles, effraieraient
les exacteurs barbares, et augmenteraient leurs
richesses en augmentant leurs bienfaits. Répandus sur toute la surface de la France, ils
feraient connaître au souverain toutes les parties de son empire ; peut - être l'engageraient-

ils

ils à le parcourir, mais sans le faux éclat d'une magnificence inutile à sa grandeur, et avec une simplicité qui ajouterait encore à sa gloire.

O mon roi ! vous venez de pacifier le monde, ne vous occupez plus que du bonheur d'être le dieu tutélaire de vos sujets ! Qu'il vous est aisé de le devenir, et de laisser parmi les hommes le nom le plus digne de leur vénération et de leur amour ! Quittez quelquefois votre cour ; pénétrez dans vos provinces. Sachez par vous-même comment elles sont régies ; la vérité ne vous fuira pas, quand vous voudrez la chercher et l'accueillir. Voyez le mal qui existe pour le détruire, le bien à faire pour le créer. Enfoncez-vous dans les campagnes ; c'est dans leur sein que vous trouverez la véritable base de votre puissance, que vous apprendrez le grand art de gouverner, que vous découvrirez les causes qui nous menacent d'une décadence prochaine, et les moyens d'élever votre empire à un état de prospérité possible, mais dont les hommes

B

n'ont pas encore joui. En voyant de misérables hameaux épars sur les plus belles contrées, qui tous les jours s'appauvrissent et se
dépeuplent ; des terres, naturellement fécondes, faiblemeut cultivées par des laboureurs
sans force, sans industrie et sans espoir, que
leurs enfans abandonnent pour aller chercher
l'abondance et la servitude, vous jugerez de
tous les maux que cause la paresse, et souvent l'iniquité de ceux à qui le pouvoir est
confié. Vous sentirez l'importance de choisir,
pour administrer vos provinces, des hommes
tels que ces magistrats incorruptibles et mo-
destes, qui faisaient de leur maison le temple
des mœurs, et de leur cœur, le sanctuaire
de la vertu. Ces mœurs qu'ils respecteront,
cette vertu qu'ils pratiqueront, en donnant
l'exemple, ils en feront renaître l'amour.
Pénétrés de la nécessité de remplir leurs devoirs, ils porteront par-tout la surveillance
et l'activité. Par-tout où se trouveront des
abus, ils seront détruits ; par-tout où se commettront des infidélités, elles seront connues

et punies ; par-tout où de bons établissemens pourront se faire, ils seront formés.

En ne nommant aux gouvernemens, aux intendances, aux évêchés, que les hommes les plus estimés, les plus éclairés, les plus remplis d'honneur et les plus religieux, mais religieux sans fanatisme et sans superstition, bientôt reviendra l'ordre, et avec lui le bonheur. Du choix des administrateurs des provinces, dépend la félicité de tout l'empire, dépend sur-tout la félicité des campagnes, à qui les lumières et la vertu des chefs sont continuellement nécessaires pour les défendre contre les oppressions, les secourir dans les calamités, y amener l'industrie, y encourager le travail, y entretenir l'abondance, et y former des établissemens non-seulement utiles pour les lieux où ils seront placés ; mais qui, par leurs correspondances et leurs rapports, seront utiles au royaume entier.

Ce n'est pas encore assez de choisir, pour administrer les provinces, les hommes les plus dignes de la confiance du monarque et

de la nation ; il faut que les importantes
places, que leur a fait obtenir leur mérite,
ne deviennent pas seulement pour eux des
titres lucratifs ; il faut qu'ils en remplissent
tous les devoirs avec zèle, avec application,
qu'ils résident habituellement dans les lieux
qui les illustrent et les enrichissent. En les
abandonnant pour venir se confondre et s'obscurcir dans la foule de Paris, en vain auraient-
ils les vues les plus saines, les plus étendues
et les plus droites, ils ne doivent pas se
flatter que jamais elles soient remplies ; ce
n'est que par la persévérance dans les soins,
et par la surveillance continuelle des chefs
que le bien s'opère.

Que les commandans de province, les
intendans et les évêques, sentent la nécessité
d'habiter les pays qu'ils sont chargés de conduire, d'éclairer et de régir. En les abandonnant ils les dépouillent : ils en enlèvent
l'argent pour l'engloutir à Paris, d'où il ne
retourne plus dans les lieux qui l'ont fourni ;
ils les privent de l'exemple qu'ils doivent,

de la protection et des soins qu'ils ont droit
d'en attendre.

Des commandans vertueux, qui rarement
s'absenteraient des provinces, y feraient une
consommation utile, y répandraient l'esprit
d'urbanité, le goût des arts et l'amour de
l'honnêteté; ils maintiendraient l'ordre, feraient observer la discipline, contiendraient
le soldat, occuperaient l'officier, et ranimeraient parmi les militaires ce ton de franchise, de loyauté des anciens guerriers, qui
les rendrait plus capables dans leur vieillesse,
d'être les amis, les protecteurs de l'habitant
des hameaux.

Quels biens et quels maux, avec l'autorité
qu'on lui laisse, peut faire un intendant,
puisqu'il n'est plus surveillé quand il est en
place, puisque la justice ne s'obtient plus
contre lui, puisque sa volonté devient la
loi? Combien le gouvernement ne doit-il pas
s'attacher à le bien choisir! Il peut créer ou
dévaster, devenir le bienfaiteur ou le fléau
d'une province, et sur-tout celui des labou-

reurs. C'est de lui que dépend l'administration entière d'un pays ; son inspection s'étend
sur tout ce qui intéresse le service du roi et
le bien des peuples ; c'est à lui à répartir
les impôts, à veiller sur la culture des terres,
le commerce, la construction et l'entretien
des chemins, sur les fonds destinés aux travaux publics, etc. S'il remplit ses fonctions,
c'est un ange envoyé pour le bonheur d'une
partie de la terre ; mais qu'il est à craindre
qu'abusant d'un pouvoir presque sans bornes,
et que trompé par des secrétaires et des sub-
délégués avides, après avoir corrompu les
villes par son faste et par la licence de ses
mœurs, il ne ruine les campagnes que par les
injustices et les vexations qu'il commet lui-
même ou qui se commettent en son nom.

Sans doute les plaintes, qui de toutes parts
s'élèvent contre les intendans, sont fortes,
peut-être exagérées ; mais non pas sans fondement. Bientôt elles n'existeraient plus, si
l'on ne nommait pour régir les provinces,
que les magistrats les plus respectés ; si on

établissait un conseil composé des hommes les plus instruits et les plus intègres de la nation, qui seraient juges entre les peuples et ces magistrats ; si on ne les transportait point d'une généralité dans une autre ; si on bornait à dix ans le cours de leur administration, à moins que la province qu'ils régissent n'en demandât la prolongation ; si on récompensait leur vertu par les marques de la plus haute considération. Alors on parviendrait à rendre les intendans très-utiles, et à faire d'eux les ministres de la sagesse et de la bienfaisance des rois.

Par une ordonnance bien sage, M. Colbert avait réglé que les intendans feraient deux tournées par an ; l'une dans toute l'étendue de leur généralité, et l'autre dans une élection. Si cette ordonnance était exécutée, les intendans connaîtraient bientôt toutes les parties d'une province, et tous les moyens de la faire prospérer. Il faudrait qu'ils voyageassent sans luxe, sans faste, à leurs frais, et comme des pères de famille sages et intelligens, qui visitent leurs héritages ; alors leur présence serait un bienfait dont le bonheur du peuple et la gloire qu'ils acquerraient, seraient la récompense.

NOTES.

(1) Les maîtres artisans de Paris se plaignent, et malheureusement ce n'est pas sans raison, que les misérables spectacles des Boulevards leur enlèvent tous les jours, pendant trois heures, leurs ouvriers. Cette cessation de travail les décrédite, en les forçant à ne pas remplir leurs engagemens, et à ne livrer que des ouvrages de mauvaise qualité. L'étranger, qui se fournissait chez eux, les abandonne : leur commerce tombe, et bientôt ils sont livrés à la misère et à la honte que les banqueroutes entraînent ; les malheurs de toutes les espèces les accablent, et souvent n'ont d'autres termes que le suicide.

Il est constaté par les registres de la police, que le nombre des infortunés qui se détruisent, est plus que doublé depuis que le peuple de Paris se livre, avec une espèce de fureur, au goût des spectacles.

Si quelque décence, quelque délicatesse, quelque amour des arts régnaient encore parmi nous, ces infâmes tréteaux, sur lesquels le vice, sans esprit, parle avec la plus grande audace, où l'enfance même, qui ne le

connaît pas encore , lui sert d'organe , où la licence la
plus effrénée tient lieu de talent , seraient-ils plus suivis
que ne l'ont jamais été les théâtres de Molière , de Qui-
nault , de Corneille , de Racine et de Voltaire ?

(2) Après qu'il y a eu des fêtes à Versailles , il faut
voir les livres des marchands de Paris , pour juger de
l'énormité des frais qu'elles causent. Toujours prêts à
dissiper , jamais préparés aux dépenses nouvelles , c'est
à crédit que les gens de la cour achètent leurs habits ,
et tout ce qu'ils jugent propre à les faire remarquer davantage. Leurs dettes s'accumulent , et deviennent enfin
si fortes , que ce n'est que par des moyens extrêmes
qu'ils peuvent les payer ; ils ont recours à leurs Fermiers , les pressent , les désolent , en exigent sans cesse
de nouvelles avances. A leur tour , ceux-ci tourmentent ,
ruinent les paysans auxquels des seigneurs moins dissipateurs porteraient des secours , au lieu d'être forcés à
leur faire arracher leur pain.

Il ne serait que trop facile de tracer un tableau déchi-
rant de tous les malheurs auxquels cet excès de dépense
entraîne ; mais à quoi serviraient les peintures les plus
énergiques ? Notre dessein n'est pas d'exciter l'indigna-
tion contre les gens de la cour qu'emporte le torrent
de l'exemple ; mais de proposer les moyens de les arrêter
dans leurs dissipations , et de les engager à faire de leurs
richesses un emploi plus doux pour eux-mêmes , et certainement plus avantageux pour l'Etat.

CHAPITRE III.

Établissement des États provinciaux.

L'ÉNORME population de Paris, son mouvement et son faste, trompent les rois. C'est par sa capitale qu'ils jugent leur empire ; mais s'ils pouvaient le connaître par eux-mêmes, ils sauraient que c'est aux dépens des provinces que Paris se répare continuellement ; que plus il s'étend, que plus les richesses s'y entassent, plus le reste du royaume se dévaste et s'appauvrit. C'est de l'extrême somptuosité des palais que naît l'extrême misère des cabanes. Dans tout état où les fortunes sont dans une disproportion trop forte, la pauvreté, la douleur, le découragement, sont le partage de la multitude : c'est cependant elle que le gouvernement doit sur-tout défendre, animer, encourager et protéger ; non par des moyens violens ou forcés, comme de nouveaux partages de terres, qui ne se-

raient pas plus durables que justes ; mais par
une surveillance continuelle sur ceux à qui
les différentes parties de l'administration sont
confiées, et par des établissemens solides ,
sages , et conformes à l'esprit de la monarchie.

Qui jamais a mieux connu cet esprit , dans
toute son étendue et dans tous ses détails ,
que cet homme (*) montré à la France pour
lui faire entrevoir le bonheur? Combinant les
pensées profondes de Sully , les vues bril-
lantes et utiles de Colbert , les grands desseins du duc de Bourgogne , les spéculations
de l'ingénieux , mais faible Silhouète , les
projets du patriote Turgot , avec ses idées
vastes , fortes et lumineuses , il traça un plan
d'administration qui , avec quelques modifications , assurerait la félicité et une éternelle
durée à l'empire des Français (1).

Qu'il soit réalisé , ce plan du génie et de
la sagesse , mais avec la sanction de la na-

____

(*) M. Necker.

tion ; qu'il devienne une partie essentielle de
sa constitution ; qu'il soit revêtu de toutes
les formes qui le rendront sacré ; et ces campagnes, sur lesquelles des philosophes sensibles s'attendrissent, pour qui ils implorent
des lumieres qu'ils pourraient si bien répandre, deviendront florissantes, heureuses et
animées. Les états provinciaux sont le seul
remède contre les abus inévitables dans un
vaste royaume ; ils sont même essentiels à la
constitution de la monarchie, qui demande,
sinon des pouvoirs, du moins des corps in-
termédiaires, agissans et capables de remplir
les intervalles qui sont entre le peuple et le
prince (2).

Le monarque ne peut presque rien voir
par ses yeux ; il n'est pas sûr de n'employer
jamais que des hommes justes, éclairés et
fidèles. Le tems, l'envie des rivaux, la haine
élevée contre le vice qui prospère, les plaintes,
les cris d'une foule d'infortunés qui parviendront jusqu'à son trône, lui apprendront
souvent que sa confiance est trompée, mais

ne lui apprendront pas à faire des choix plus heureux. S'il est bon, s'il est juste, il sera toujours tourmenté par la crainte de s'égarer. Mais, au lieu de ces préposés, de la plupart desquels il connaîtrait l'incapacité, la négligence et la cupidité, si la vérité arrivait toujours jusqu'à lui, s'il formait un plan pour donner à chaque province des états, tous formés sur un principe unique, et qui n'eussent tous qu'un même régime, il serait sûr que tout le royaume, administré par les hommes les plus éclairés et les plus vertueux de la nation, s'élèverait bientôt au plus haut point de félicité (3).

C'est de la réunion et du choc des intérêts particuliers que sort le bien général. Des administrateurs citoyens qui auraient l'intérêt de leur gloire, de leur fortune, de leurs vassaux, de leurs voisins à ménager, qui auraient l'approbation du monarque à mériter, l'estime de leur pays à obtenir, qui seraient également surveillés par le gouvernement et par leurs compatriotes, qui seraient animés de l'émulation puissante qui propage le bien, ne tarderaient pas à le produire. Bientôt on sentirait l'excellence de leur administration, en la comparant à l'administration funeste qui régit aujourd'hui les pays d'élection.

Je n'entreprendrai pas de montrer dans cet écrit quels seraient tous les avantages des états provinciaux, et combien ils offriraient aux rois de ressources nouvelles, abondantes et faciles; combien ils ajouteraient encore à leur puissance, et combien ils rendraient plus actifs, plus simples, plus aisés à tenir et à conduire tous les ressorts du gouvernement. Les mémoires de M. le Marquis de Mirabeau, celui de M. Necker, ceux de la haute Guyenne et du Berry, ont assez éclairé la nation; ce ne sont pas les lumières qui lui manquent, mais le courage nécessaire pour recréer un empire, et la volonté nerveuse de confondre les intrigues, d'étouffer les cris, de braver les trompeuses craintes, d'arrêter les manœuvres, de punir les mensonges de l'intérêt personnel, qui fait employer tous les moyens,

concourir tous les vices, pour séduire le
gouvernement quand il est prêt à opérer des
changemens qui feraient renaître la vertu,
ranimeraient la félicité. Quels sont les hommes qui ont conçu l'idée sublime de régénérer la France par l'établissement des états
provinciaux? Les plus grands, les plus sages
ministres, les princes les plus instruits et les
plus vertueux, les meilleurs citoyens et les
plus éclairés. Quels sont les hommes qui se
sont opposés à leurs vues? Les intendans,
dont la conduite a été sujette aux plus violens reproches; les financiers, qui voyaient
que leurs énormes profits allaient passer de
leurs mains dans celles du prince et de la
nation; une foule de commis, trop souvent
concussionnaires, qui craignaient de se trouver réduits à leur obscurité première, et forcés à un travail plus pénible, plus utile et
moins salarié. Qu'on balance ces différentes
autorités, ou plutôt qu'on ne s'y arrête pas;
mais qu'on médite les plans des ministres citoyens, et les objections qu'on leur

oppose; qu'on se détermine et qu'on agisse.

Je le répète, dans le gouvernement tout se tient. Les secours isolés ne sont que des palliatifs momentanés et faibles. C'est du conseil des rois que le bonheur des campagnes doit émaner. Sans l'établissement des états provinciaux, il est presque impossible qu'il puisse exister. Avec lui, on le verra naître rapidement, et se fixer.

Quels seront les administrateurs des provinces ? Des hommes qui les habitent et les connaissent; des hommes sages et choisis dans tous les différens ordres ; des hommes à qui la malveration ne serait pas possible, à qui le zèle et l'amour du bien seront nécessaires. Appelés dans tous les cantons, et correspondans avec toutes les parties, il ne sera pas un lieu dont ils ne connaissent tous les besoins et toutes les ressources ; pas un village qui soit négligé, pas un district qui n'ait ses avocats et ses protecteurs, qui attireront sur lui l'attention des administrateurs.

Pères aussi éclairés que tendres, ces administrateurs

ministrateurs voudront tout éclairer, pour tout rectifier, encourager, vivifier. Ce n'est pas à des spéculations oisives, à des discussions stériles qu'ils se borneront. Connaissant toutes les possibilités et tous les rapports, ils verront par-tout ce qui est à détruire et à créer. Toutes les parties également éclairées, se correspondront et marcheront d'un pas égal à la perfection. L'instruction, l'activité, l'industrie, se répandront dans tous les villages, et feront fuir la tristesse et la pauvreté. Cet empire de la coutume, qui n'est autre chose que celui de l'ignorance incapable d'inventer et de jouir, et celui de la misère qui n'ose et ne peut rien tenter, sera enfin renversé ; et par une répartition juste des impôts, par des encouragemens utiles, des vues saines, un zèle toujours entretenu par l'amour du bien et une sagesse toujours active, les administrateurs porteront dans les campagnes l'abondance et le sentiment de la joie, qui depuis si long-tems, les ont abandonnées.

NOTES.

(1) Il n'est pas un ministre à grandes vues, et non séduit par l'esprit de domination, qui n'ait senti que la meilleure manière de gouverner, est celle dont les opérations sont les plus simples, les plus faciles et les plus sûres : ils ont tous eu l'idée de donner à chaque province des états fondés sur la même base, et conduits par les mêmes principes. *Il faut*, comme l'a très-bien observé M. le marquis de Mirabeau, *que les peuples, en se reconnaissant sujets d'un même maître, se regardent encore comme membres d'un même corps ; ce qui ne se peut que par le moyen d'une organisation égale, fixe, à peu près immuable, et dont les ressorts soient confiés à un certain ordre d'hommes intéressés au maintien de la chose publique, considérée comme la paroi nécessaire de leur chose particulière.*

Je voudrais donc qu'on rendît à chaque province ses états. Toutes en ont eu, soit sous le nom même d'états, soit sous celui d'assises, d'assemblées, etc. ; je voudrais qu'on les constituât tous, à quelques petites différences près, sur le même plan, et que cet établissement devînt une loi fondamentale de la nation ; car s'il peut être détruit avec autant de facilité qu'il aura été formé, il n'acquerera point de confiance, et les rois n'en retireront pas les innombrables avantages qu'ils doivent en espérer. C'est sur-tout pour eux, comme on l'a déja cent fois prouvé, que ces avantages seraient inestimables. Loin de borner leur puissance, ils lui donneraient une base encore plus assurée, augmenteraient leurs richesses, et rendraient leurs ressources inépuisables. Pourquoi ne sont-ils donc pas créés? Ce pourquoi exigerait de nombreuses pages pour y répondre. Je n'ai ni la force, ni le courage, ni la volonté de les tracer. Voyez la foule des bons écrits sur cet objet, et en particulier le *Mémoire sur les états provinciaux*, par M. le marquis de Mirabeau.

(2) Ce n'est que par l'ordre hyérarchique qu'un état peut se maintenir et prospérer. Il faut que des classes successives et qui se correspondent, descendent du roi jusqu'au peuple, pour en manifester la volonté, et remontent du peuple jusqu'au roi, pour lui faire connaître la situation exacte de son empire. Sans ces rapports naturels et nécessaires, le despotisme amenera bientôt l'anarchie et tous les malheurs.

(3) Si dans le chapitre suivant, l'un de ceux dont cette édition est augmentée, je m'élève, contre l'organisation des états de plusieurs provinces, je ne tombe point en contradiction avec moi-même. J'attaque

les vices de cette organisation ; mais je suis loin de prétendre que des états bien organisés ne seraient pas le meilleur des régimes. Ceux de Bretagne, de Bourgogne, et de Languedoc offrent, peut-être, plus d'inconvéniens que d'avantages. Les premiers, où les nobles deviennent peuple par leur nombre, où le clergé a, de droit, le tiers de l'influence, et en obtient souvent davantage, quoique son patriotisme ne soit pas toujours en raison de son pouvoir, et où le tiers-état n'est rien quand les deux autres ordres sont d'accord, ressemblent plus à une foule qui s'agite, s'irrite et s'enflamme, qu'à des sages fermes et paisibles, réunis pour détourner les maux et assurer le bonheur de leur pays. Les plaintes des Bourguignons consolent leurs voisins de n'avoir pas des états comme eux. Des élus qu'ils nomment, quoique rarement ils les choisissent, ont, pendant trois ans, l'exercice de toute l'autorité, et n'en font pas toujours un usage à l'abri de tout reproche. Une aristocratie de quelques barons sans prépondérance, et d'évêques qui l'ont toute entiere ; voilà les états de Languedoc. La noblesse, sans baronie, n'en a point l'entrée, le tiers-état n'y donne que des commis, et les prélats y ont toute la puissance.

Les frais énormes qu'entraîne la tenue de ces états, le

faste qui règne pendant leur durée, les dépenses excessives et superflues qu'ils occasionnent, sont contraires à l'esprit d'ordre, d'économie et de bienfaisance, qui doit diriger de pareilles assemblées.

Peu importe au peuple que les administrateurs des provinces soyent magnifiques, que les trésoriers et les secrétaires soient riches ; mais il est essentiel pour lui qu'on s'occupe de sa prospérité.

(4) En vain celui de tous les rois qui désire le plus fortement le bien de son royaume, a voulu rendre générale une administration simple, sage et facile, et dont l'essai prouvait la bonté, long-tems les cris de l'intérêt ont été plus puissans que la volonté ; ils l'ont forcé à retarder l'exécution d'un plan qui fesait le bonheur de deux généralités, et qui déja fesait celui de toute la France, si trois provinces encore, n'éprouvaient pas l'effet de ce fatal intérêt.

CHAPITRE IV.

Des Administrations provinciales, depuis leur établissement dans la plupart des Provinces non gouvernées par le régime des Etats.

ENFIN, il est rempli ce vœu formé depuis qu'il est des principes d'économie publique en France ! le moyen de régénérer ce vaste empire est employé, puisqu'à l'exception d'une ou deux de ces provinces, toutes les autres jouissent des administrations patriotiques qui les délivrent du régime absolu et trop souvent arbitraire qu'exerçaient sur elles des magistrats qui leur étaient étrangers, et du nom desquels on abusait trop communément pour opprimer (1).

Les administrations nouvelles sont formées sur un plan plus parfait, et qui vraisemblablement acquerera plus de perfection encore, que celui qu'on adopta lorsqu'on les établit dans la haute Guienne et le Berri.

C'est vraiment aujourd'hui qu'un bon roi devient le père d'un bon peuple, et que ce peuple immense peut se regarder comme la famille de ce bon roi.

C'est une idée simple, et c'est une bien grande idée que cette hiérarchie, qui rapproche les sujets du souverain, qui lie, qui consolide par le zèle et l'amour toutes les parties du gouvernement, et qui éclaire, facilite, abrege, assure toutes ses opérations. Dans le magnifique système de Léibnitz, une chaîne universelle embrasse tous les êtres et fait communiquer le dernier atôme avec la divinité. La hiérarchie donnée à la France est semblable à cette chaîne. Elle éleve le dernier sujet au souverain. Il n'est plus d'être isolé dans ce superbe empire. La sagesse éclairée par la méditation et l'expérience, soutenue par l'esprit d'ordre et de combinaison, et enflammée par le sentiment vif et courageux de la bienfaisance, les a tous réunis. Du plus obscur village, s'éleveront jusqu'au trône les accens de la reconnaissance et de l'amour ; du trône descendront sur le moindre hameau la surveillance , la lumière et les secours.

Au sein de l'égalité , l'élite des trois ordres se rassemble. Entre eux plus de jalousie. Une généreuse émulation lui succede , et de leurs diverses richesses, ils forment un trésor commun de connaissances et de vertus. L'esprit de chaque ordre fondu dans celui des deux autres s'agrandit et un nouveau , un meilleur esprit national se prépare. Ce n'est qu'au sein de la regle et de la raison qu'il peut naître de la confusion, et la confusion est toujours où est la multitude , jamais il n'en sort que du trouble et des orages.

Le plan des administrations , adopté après un long et profond examen , est bien préférable à la forme des Etats établis dans quelques provinces , précipitamment, sans méditation & le sabre à la main, dans ces jours désastreux où les barbares duNord arrachaient les Gaules aux conquérans du monde , et qui ont conservé la plupart des vices de leur origine, et presque rien de leur puissance.

Qui les compose ces états ? Des nobles, dont la plupart manquent de l'instruction nécessaire pour connaître les vrais intérêts de leur pays, pour en diriger les affaires, pour en augmenter les ressources et en assurer la prospérité ; de prélats et d'ecclésiastiques, presque tous étrangers à la province qu'ils administrent et qui n'ont pas pour elle cette tendresse, cette sollicitude filiale qu'éprouvent les enfans véritables ; de députés du tiers - état, qui doivent être, à la vérité, plus capables de bien régir, puisque c'est sur eux que leurs concitoyens ont fixé leur choix ; mais ces députés ne joignent pas toujours le courage à la sagesse. Leur voix modeste s'élève timidement, parce que la raison même dans les nombreuses assemblées, a souvent besoin de l'éclat des dignités ou de l'empire de la naissance pour se faire écouter et pour convaincre.

La composition des assemblées provinciales est formée avec une sagesse qui leur donnera

une supériorité à laquelle il est impossible
aux états d'atteindre. Qui doute qu'un petit
nombre d'hommes choisis dans la foule, avec
l'attention scrupuleuse que donne un grand
intérêt, ne soient plus capables de bien
voir, de bien entreprendre, de bien exécuter,
que la foule elle-même? Jaloux de justifier
l'opinion de leurs concitoyens, ils parviendront, à force de travail, à rendre cette opinion plus grande encore. *C'est sur nous*, di-
ront-ils, *que la confiance de notre roi, que
celle de nos compatriotes repose.* Combien
cette pensée, qui sera toujours présente à
leur esprit, ne donnera-t-elle pas d'étendue à leurs vues, d'activité à leur zele, de tems
à leurs occupations et d'énergie à leurs vertus!

La formation des assemblées provinciales
réunit non-seulement les avantages que rassemblent les états; mais ceux aussi que peuvent avoir les corps permanens et leur fait
éviter les inconvéniens des uns et des autres.

Parmi des administrateurs qui se renouvellent, le même esprit subsiste toujours,

et cet esprit est celui d'ordre , de zèle , d'émulation , de dévouement personnel , de patriotisme enfin ; et non pas l'esprit de corps, qui tend sans cesse à diminuer le pouvoir de l'autorité légitime et à étendre avec excès l'exercice de l'autorité confiée ; de l'esprit de corps qui se nourrit de préventions et de préjugés , qui dégénère en indifférence pour les devoirs , et en mépris pour l'opinion , qui élève des prétentions injustes , extrêmes , souvent embarrassantes pour le souverain , et qui humilient ou indisposent toutes les autres classes des sujets.

Dans une assemblée patriotique dont les membres cessent d'être les mêmes après un tems assez long pour qu'ils puissent s'instruire et opérer, trop court pour qu'ils en puissent abuser , une ambition bien permise , bien noble , bien respectable doit exister. Qui ne cherchera pas à laisser à ses suscesseurs de grands exemples ? Qui ne cherchera pas à faire mieux encore que ceux qui l'ont précédé ?

Hommes du prince, hommes de la patrie,
quelle grande, quelle sainte mission que celle
des administrateurs ! ce sont eux qui vont unir
inséparablement les intérêts du monarque et
ceux des sujets. Ils enrichiront l'un, alègeront le fardeau des autres en recouvrant ce
que la négligence a laissé perdre, en replaçant
ce que la mauvaise foi détournait, en réduisant à de moindres sommes les frais qu'entraînait la perception, et en la délivrant des
employés inutiles qui l'épuisaient en l'embarrassant. Ils soulageront le peuple en écartant de la répartition des impôts cet arbitraire
qui les rend excessivement odieux à ceux qui
en souffrent, sans inspirer de reconnaissance
à ceux qui en profitent. Une justice éternelle
semble nécessiter à l'ingratitude ceux qui reçoivent des graces faites aux dépens de la
chose publique ; ils soulageront le peuple en
employant à la levée des tributs une forme
simple, juste et facile, au lieu des formes
destructives qui plongeaient dans le désespoir
des malheureux que les seuls tributs n'auraient

pas accablés ; ils soulageront le peuple en diminuant les dépenses qu'occasionnaient les entreprises publiques, dont plusieurs servent plus à décorer un pays, à flatter la vanité d'un intendant qui se croit un grand homme parce qu'il ordonne de grands travaux, à nourrir la cupidité des subalternes, qui n'ont qu'eux-mêmes pour fixer la mesure de leurs immenses profits ; qu'à procurer des avantages véritables aux habitans des provinces que ces entreprises faites sans besoin, sans surveillance et sans économie, gênent et surchargent : ils soulageront le peuple, ou plutôt ils le feront jouir d'une aisance relative à sa condition, en portant dans chaque lieu les ressources qui lui conviennent, en appellant l'activité des arts où l'agriculture serait languissante, en donnant à l'agriculture plus d'énergie où les terres sont fécondes, en ouvrant aux denrées des débouchés faciles et nombreux, en montrant au travail des génies sûrs qui l'animent et le récompensent, en éclairant l'intelligence naturelle par des mé-

thodes simples , claires et rendues à-peu-près
certaines par des essais réitérés , en inspirant
pour la chose commune un, intérêt qui la fasse
respecter et qui empêche que les biens qui
sont à tous , soient des biens entièrement
dévastés et presque sans utilité pour personne,
en ayant toujours devant leurs yeux leur conscience, leur roi , leurs compatriotes et l'estime
publique qui viendra consoler leur caducité.

Les administrateurs peuvent plus encore.
Avec une volonté forte , un courage constant,
ils étoufferont les germes de la corruption
générale , qui se propagent affreusement depuis un demi-siecle et dont les villages mêmes
nesont plus exempts. Pour rappeller les mœurs
antiques et bonnes , pour fortifier la probité
qui tous les jours s'affaiblit , ils peuvent employer trois ressorts bien puissans en des mains
sages et habiles , la religion dans les campagnes , l'honneur dans les villes , et parmi eux
la vertu(2).

Si les administrations remplissent l'objet
que le gouvernement se propose , elles au-

ront tout fait ; mais ne restera-t-il au gouvernement plus rien à faire ? ne devra-t-il pas rendre cet établissement si bon , si sage , si convenable au caractère de la monarchie véritable , constitutionnel de la monarchie même ? Si son existence dépendait seulement de la volonté des souverains futurs ou des vues intéressées de leurs ministres , il n'inspirerait pas assez de confiance à ceux pour qui on l'a formé et à ceux-mêmes qui le composent. Il serait peut-être un palliatif pour les maux présens ; mais peut-être aussi ressemblerait-il à ces arcs-en-ciel trompeurs qui donnent quelque espérance au milieu des orages , et qui bientôt sont suivis d'orages nouveaux et plus affreux.

NOTES.

(1) Le 1 Mars 1788 , jour où l'on écrit ce Chapitre , l'Edit qui ordonne l'établissement des Administrations provinciales , n'est point enregistré par le Parlement de Franche-Comté , malgré le vœu général des habitans de cette Province , qui souhaitent avec ardeur de partager

le plus grand bienfait que le Roi ait pu accorder à son peuple. Une prudente lenteur est sans doute estimable dans les magistrats ; mais si elle dégénère en inaction et surtout en résistance déraisonnable et perpétuelle , elle prive le souverain et les sujets des avantages que les meilleurs réglemens produiraient. Un inconvénient bien terrible encore est la suite de cette résistance ; elle fait calomnier les intentions pures de ces magistrats éclairés et citoyens. Après les avoir vu refuser d'enregistrer plusieurs édits dictés par la bienfaisance et la raison , quand on les voit rejetter encore celui qui assure déjà le bonheur des autres provinces de la France , il faudrait pénétrer dans leur ame , en voir toute la droiture et toute la sagesse pour ne pas les accuser d'être plutôt conduits par l'intérêt de corps et par l'intérêt personnel , que par l'amour du bien général et véritable.

Il n'est personne en France qui soit assuré de ne pas comparaître devant quelques tribunaux souverains du royaume pour y voir prononcer sur ses biens , son honneur , et peut-être sur sa vie. Si cette idée arrêtait celui qui croit pouvoir dire la vérité , si même en la disant il pensait faire un acte de courage , il aurait une opinion bien fausse des dépositaires, des organes des loix. Quand ils jugent , intègres , sans amour et sans haine , ils ne connaissent plus les personnes, ils ne voient plus que les droits et les faits. Ils disent, comme Marc-Aurele, *si nous avons à juger notre ennemi, félicitons-nous ; nous avons en même-tems et une passion à vaincre et une grande action à faire.* D'ailleurs cette vérité qu'ils ne craignent pas de porter jusqu'au trône, pourquoi refuseraient-ils de l'entendre à leur tour ? Quel roi n'a pas fait des fautes ? Quel corps est exempt d'erreur ? Un état où le souverain réduirait les magistrats respectueux au silence, où les magistrats puniraient la noble franchise des citoyens, offrirait une aristocratie tyrannique dans une monarchie arbitraire. Ce monstrueux assemblage n'a point d'exemple ; sans doute, il n'existera jamais.

(2) On m'entendrait bien mal, si l'on jugeait que c'est exclusivement que j'invite les administrateurs à faire agir chacun des ressorts que je leur propose d'employer pour régénérer la France ; c'est-à-dire la religion dans les campagnes, l'honneur dans les villes et la vertu parmi les administrateurs mêmes. Je sais que ce n'est que par la réunion de ces trois puissans mobiles qu'on peut opérer une révolution si désirable ; mais je sais aussi que ce n'est ni de la même manière ni avec la même force que chacun d'eux doit agir sur les différentes classes.

Le peuple qui réfléchit peu, qui manque d'instructions, a besoin que la religion lui en donne de piquantes, qu'elle le détourne du vice par les craintes qu'elle inspire, qu'elle l'élève au bien par les récompenses qu'elle promet, nourrisse en lui le sentiment d'honneur qui lui convient, et qu'elle lui fasse pratiquer toutes les vertus qui lui sont propres.

Dans l'une des modifications de ce mot, qui est celle que j'adopte, l'honneur, est la crainte de laisser des doutes sur sa délicatesse, de faire regarder ses actions comme équivoques, et de ne pas obtenir de l'opinion un jugement favorable et constant. Cet honneur, qui nous fait chercher à vivre plus encore dans les autres que dans nous-mêmes, est un frein qui arrête, est un aiguillon qui excite. Mais ce n'est que parmi les hommes réunis en nombreuse société, et dont les idées se sont perfectionnées par la communication, qu'il peut avoir son efficacité. Le séparer de la religion, ce serait l'affaiblir ; et une ville peuplée d'athées, serait celle où l'honneur aurait le moins d'empire.

La vertu séparée de la religion est peut-être impossible ; et séparée de l'honneur véritable, elle est une chimère. En demandant que les administrateurs soient vertueux, je leur demande des sacrifices, un dévouement que ni l'honneur ni la religion ne commandent, et qui élevent à une perfection plus grande que celle que l'honneur et la religion exigent.

Voilà le mal que produit la crainte des critiques de mauvaise foi, elle force à écrire des pages pour justifier un mot. Il a fallu près d'un volume à Montesquieu pour prouver qu'il n'était pas tout à la fois athée et déiste, et pour convaincre qu'il était véritablement religieux.

CHAPITRE V.

Des Seigneurs et de ceux qui possèdent des biens considérables dans les Campagnes.

PEUT-ÊTRE le plus grand vice des empires modernes est de ne pas donner assez d'occupations aux nobles et aux riches, et de ne pas leur inspirer assez d'intérêt pour la chose publique. Étrangers à toutes les parties de l'administration, ils voient tout d'un œil inattentif. On rend un édit, ils l'ignorent ; on établit un impôt, ce n'est pour eux qu'un événement de peu d'importance ; il se fait un changement dans le ministère, c'est une nouvelle qui fournit à la conversation d'un souper. Surchargés par leurs loisirs, et voulant animer le repos qui les accable, ils cherchent le mouvement, se jettent dans la dissipation, courent après les plaisirs, vivent dans la futilité, souvent dans le vice, et meurent sans avoir eu la volonté de faire une action bonne

et utile. Cette immoralité des riches est une
suite nécessaire de leur oisiveté ; et il est
impossible qu'ils ne la communiquent pas ,
au moins en partie , aux hommes attachés
à des fonctions qui demandent du travail et
des soins.

J'entends déjà cent voix réunies, crier à la
déraison , à l'absurdité : car il est plus aisé de
juger déraisonnable et absurde celui qu'on n'a
pas encore entendu , que d'écouter et de
discuter soi-même. Mais revenons ; je vais
m'expliquer.

Je conviens que la cour , le service militaire , la magistrature , le clergé , la finance ,
offrent des places nombreuses à ceux à qui
leur fortune ou leur crédit les font obtenir ;
mais les seigneurs attachés à la cour , sont une
partie de la noblesse très-distinguée et non
pas très-considérable. La plupart des officiers
généraux , pendant la paix , sont entièrement rendus au repos. Ceux qui font employés passent tout au plus quatre mois à
faire leurs inspections ou à commander dans

les places ; et par conséquent il leur reste huit mois d'inactivité. Les colonels en ont autant. La vie des officiers subalternes, dans leur garnison, est le passage de quelques momens de fatigue et d'ennui, au vide et à l'oisiveté ; il suffit de les observer un instant, pour juger qu'ils ne sont pas assez occupés (1). Parmi ces derniers, combien dont l'ambition bornée à la croix de saint-Louis, se sont retirés jeunes encore, et vivent dans les différentes villes, souvent à charge à eux-mêmes, et presque toujours inutiles à la patrie.

L'histoire des mœurs du dernier siecle, nous apprend quelle était la vie grave et austère des magistrats. Pénétrés de la sainteté de leurs fonctions, à peine s'en arrachaient-ils quelques instans, pour se délasser, se ranimer, se fortifier dans la société des gens de lettres les plus respectables. Si leurs successeurs, comme j'aime à le croire, marchent sur leurs traces, ce n'est pas à eux qu'on peut reprocher de couler des jours inoccu-

pés ; et même ce tems si court de liberté,
dont il leur est permis de jouir, c'est à la campagne qu'ils le passent. Bienfaiteurs de leurs
vassaux, ils répandent, pendant trois mois,
des secours dans leurs terres, y maintiennent
la paix, et donnent l'exemple des mœurs ;
mais la magistrature, quoique nombreuse,
forme cependant une classe peu étendue,
relativement à la masse de la nation.

Le clergé est une aristocratie dont les
évêques sont les chefs et dont les vicaires,
si généralement honnêtes et si pauvres, et
les vénérables curés, forment le peuple. Qui
ne sait pas combien l'auguste ministère des
pontifes est pénible ? qui ne juge pas du
travail et des sollicitudes qu'exige le soin d'un
diocèse ? Enseigner, surveiller, agir, visiter,
consoler, secourir, voilà leurs obligations
indispensables ; mais, pour mieux servir leur
troupeau, il paraît qu'il sont trop souvent
forcés de l'abandonner. C'est de Paris que
tout émane ; c'est à Paris qu'ils sont presque
toujours, pour obtenir des secours et des

soulagemens nécessaires à leurs diocèsains. Il serait digne de leur tendresse pastorale, de remédier à un inconvénient si funeste pour eux-mêmes.

Le clergé ne pourrait-il pas établir un bureau, composé d'ecclésiastiques très-éclairés, dont les fonctions seraient de suivre les affaires des différens diocèses ? On le formerait de quatre ou six députés de chaque province. Animés du désir de mériter la confiance dont ils seraient honorés, ils s'en rendraient dignes. Les évêques trouveraient en eux des agens nombreux et actifs, qui mettraient le plus grand intérêt à justifier le choix qu'on aurait fait d'eux. Dans les circonstances plus difficiles et plus importantes, ils enverraient un grand-vicaire, et ils réserveraient leurs voyages pour ces occasions rares où leur seule présence serait efficace. Alors plus respectés à Paris, parce qu'on les y verrait moins, ils le seraient aussi bien davantage dans leurs diocèses, parce qu'on les y verrait comme des bienfaiteurs et des pères.

D iy

Les curés répandus dans les campagnes, charitables sans richesses, vertueux sans gloire et sans récompense, de tous les hommes les plus utiles, sont pour le peuple des agens de la providence, des anges consolateurs et secourables. Par leurs discours, par leurs actions, et même par leurs larmes, ils soutiennent les malheureux, soulagent les malades, trouvent les moyens de procurer aux pauvres du pain et des vêtemens, et font quelquefois, dans les hameaux, sourire l'espérance.

Mais ces pontifes, dont la vigilance et les aumônes doivent principalement se tourner sur les campagnes; mais ces bienfaiteurs des villages, qui les instruisent et en écartent, autant qu'ils le peuvent, la misère, forment la partie la moins nombreuse du clergé. Quelle foule d'abbés commendataires, de prieurs, de chanoines, d'ecclésiastiques et de religieux de tous les ordres, dont il faut croire que les vœux continuels, ardens et purs, sont agréables au Seigneur, mais à qui la patrie ne doit pas de reconnaissance, puisqu'ils menent une vie absolument inutile pour elle!

Les emplois de la finance , si multipliés
parmi nous , qui donnent à ceux qui les exercent , des richesses trop disproportionnées
avec l'état dont ils sont sortis , exigent quelques momens de calcul , un peu de surveillance
mais non pas un travail assidu. La peine , l'espérance et l'ennui , sont le partage de cette
armée de gens ignorés , qui sont parvenus à
l'honneur d'être commis. A quoi servirait la
la fortune , si ce n'était à jouir , dans le repos,
de tous les plaisirs ?

On voit qu'en général l'occupation manque
en France à toutes les classes au-dessus de
celle du peuple ; cependant la plupart des hommes qui les composent , sont attachés à des
places ; mais ces places n'exigent que la moindre partie de leur tems. Ce défaut , qui détruit
tout l'intérêt qu'aurait une vie plus active ,
qui jette dans l'embarras d'employer ses momens , qui favorise la paresse , si naturelle
aux hommes , force pour animer une oisiveté
triste , à devenir peu délicat sur les moyens
de se tirer de soi-même ; à tomber dans l'iner-

tie de l'ame et dans la corruption de l'esprit.
Alors tout sentiment patriotique s'éteint, toute
émulation s'anéantit; et il ne reste, dans une
nation, que le vice, l'insouciance et le vide
pour les riches; et pour le peuple, que les
larmes et la misère.

Envain nous voudrions le dissimuler. Tout
nous dit, tout avertit les étrangers, qu'en per-
dant ses mœurs, la France perd aussi son
éclat et sa prospérité.

Si la vie intérieure et la société intime of-
fraient plus de charmes à Paris, et dans les
principales villes, on ne se réunirait pas toujours en nombreuses assemblées. Inquiet, at-
tristé, malheureux chez soi, parce que l'esprit
de famille n'existe plus, parce que les intérêts du
père, de la femme et des enfans, sont par-tout
en opposition, parce que les devoirs ne sont
plus connus, parce que les vices se heurtent
et se choquent, on s'entasse pour s'étourdir;
on cherche toujours à se distraire, parce qu'on
peine sans cesse. Aussi ne trouve-t-on jamais
qu'un désert ou la multitude; et rien ne prouve

mieux que ces foules, l'inquiétude générale, le malheur et l'ennui.

Quels rapports me dira-t-on cette langueur, ces chagrins, cette dépravation des habitans des villes, ont-ils avec le sort des habitans des campagnes ? Les plus immédiats et les plus certains. Qui ne voit que c'est par un échange de secours que tous les ordres peuvent mutuellement se soutenir ? Il n'est rien depuis le repos jusqu'aux jouissances les plus recherchées du luxe, que toutes les classes ne doivent au peuple. C'est lui qui fournit originairement et absolument à tout ; mais ses forces, comme celles de tous les corps individuels ou collectifs, ont une mesure au-delà de laquelle on ne peut les porter sans les détruire. Il ne peut dépenser toujours en ne recouvrant jamais. Il faut donc que les nobles, le clergé, la finance, lui rendent au moins une partie de ce qu'ils en reçoivent. Ils ne le peuvent qu'en se reportant davantage au milieu de lui, qu'en éclairant, qu'en allégeant, qu'en salariant ses travaux, qu'en rever-

sant dans les campagnes, par la consommation, une portion des revenus qu'ils en tirent.
Mais comment déterminer les esclaves du
luxe et de la mollesse, à s'arracher des villes,
où du moins l'intrigue leur donne quelque
ressort, où la variété des objets leur fournit
quelques dissipations, où le mouvement de la
multitude leur donne l'espérance de sortir du
vide éternel qu'ils trouvent dans eux-mêmes,
où l'habitude et l'ignorance d'une vie plus
heureuse que celle qu'ils traînent dans leurs
insipides plaisirs, les enchaînent? Nous espérons en indiquer les moyens, et il nous sera
facile d'en montrer les avantages.

NOTE.

(1) Il faut distinguer les officiers de l'artillerie et du
génie, du reste des militaires Français. Dans ces corps,
il se forme des hommes d'un mérite rare; et il est presque impossible que tous ceux qui les composent, ne
soient pas au moins des hommes instruits. Aussi n'est-ce
pas aux marchandes de modes et aux caillettes titrées
d'une ville de province, qu'ils doivent leur éducation;

ils n'ont pas la noble émulation d'être les aimables de la
garnison, c'est-à-dire, les personnages les plus vides,
les plus futiles, les plus désagréables aux yeux du bon
sens. Les officiers d'infanterie sur-tout, dont ordinairement l'enfance a été négligée par des parens peu riches,
entrent au service sans instruction, et le quittent sans
en avoir acquis. Le tems qu'ils y passent est partagé entre des momens de fatigue et de gêne, des détails minu-
tieux et stériles, et une longue oisiveté qu'ils tâchent
d'animer par des visites insipides, par de petites intrigues sans véritable amour, par de petits plaisirs sans
intérêt. Bientôt leur âge mûr succédant à une jeunesse
pendant laquelle ils ne se sont point accoutumés à rassembler, à combiner des idées, devient funeste pour eux-
mêmes et à charge à la société. Il serait très-possible,
je crois, de leur imposer la nécessité de l'occupation
même, en la leur faisant aimer, et de faire adopter à
tous les corps, le régime qui donne à l'artillerie et au
génie, des sujets capables de servir l'état par leurs lumières, et de se décharger eux-mêmes, sans la ressource
des petits vices, du poids de l'oisiveté. Rois, occupez
sans cesse vos sujets de toutes les classes, si vous voulez
que, dans votre empire, règnent les mœurs et les vertus.

CHAPITRE VI.

Suite du précédent.

La plus légère observation suffit pour faire juger de l'inquiétude, de la peine souvent déguisée, mais toujours réelle, et de la langueur des riches habitans des villes, condamnés au malheur de l'oisiveté. Ils sont comme les enfans qui pleurent, parce qu'ils ne savent pas s'amuser ; mais si un sage instituteur, au lieu de les tenir enfermés dans de tristes murailles, leur fait respirer l'air pur des campagnes, attache leurs regards sur le riant spectacle de la nature et les travaux des cultivateurs, bientôt ils cherchent à les imiter : ils tracent des jardins, élèvent des cabanes et sont heureux, parce qu'ils sont occupés, qu'ils croient faire des ouvrages durables et utiles, et qu'ils rassemblent et fixent de nouvelles idées. Les rois sont les instituteurs de leurs sujets, de tous les âges et de toutes

les conditions ; c'est à eux à réunir les vues les
plus propres à faire germer dans leur empire
les vertus et le bonheur ; mais ces vues, ce
n'est pas par les moyens violens de l'autorité,
qu'ils les feront adopter. Par la force et par
la contrainte, on n'apprend pas aux hommes
à devenir meilleurs et plus heureux. Pour
opérer dans les mœurs une révolution avantageuse, il faut que le souverain fixe invariablement ses idées ; qu'il établisse, sur les principes les plus clairs et les plus certains, un
plan simple, d'une exécution facile, et sur-
tout le plus convenable à l'état de la nation,
au moment où le prince forme le sublime projet de la régénérer.

Nous avons déjà prouvé que le luxe excessif est la cause nécessaire du malheur général dans un empire ; qu'il dépouille le peuple, appauvrit le bourgeois, et tourmente le
riche lui-même, en détruisant la proportion
entre ses désirs et la possibilité de les satisfaire.
Nous avons vu qu'il dévaste et dépeuple les
campagnes, et qu'il rassemble dans les villes

une foule d'habitans inutiles, corrompus et malheureux. Voilà, je pense, la triste situation dans laquelle il a réduit la France. Sans se livrer à l'esprit de chimère, ne peut-on pas espérer de la changer?

C'est dans le principe même du mal qu'il faut chercher le remède. Les hommes manquent dans les campagnes, où ils sont nécessaires; ils sont trop nombreux dans les villes, où leur entassement est nuisible. C'est donc en les répartissant d'une manière plus convenable, qu'on corrigera les vices des uns, qu'on rendra la condition des autres plus douce, et qu'on les fera tous jouir d'un meilleur sort. Mais comment faire une opération qui tirerait, à la vérité, la France de l'état où elle languit, et lui donnerait des hommes tels qu'une imagination heureuse et sensible se plaît à en créer, mais qui semble si difficile dans la faiblesse et la dégradation de nos mœurs? En réunissant toutes les combinaisons de la sagesse, toutes les ressources de la patience et du courage, en excitant, en ranimant

cet

et amour inné du bien qui se trouve dans le
cœur de tous les hommes : mais qui s'affaiblit et même s'éteint dans les empires où le
ressort de l'honneur , du patriotisme et de
la religion n'agit plus ; enfin , en dirigeant ,
en dominant l'opinion générale que les rois
déterminent toujours à leur gré. Un seul homme de génie n'avait-il pas commencé parmi
nous , une révolution qui se serait entièrement opérée , si le gouvernement, profitant de
l'heureux enthousiasme des cœurs , avait seulement favorisé le grand écrivain ? N'avons-
nous pas vu les langes déchirés , les maillots
rompus , les femmes rendues à la nature ,
devenir véritablement mères ; et leurs enfans ,
en pressant leur sein , sourire à la liberté ? A
quelle ame , non encore absolument flétrie ,
n'avait-il pas inspiré le goût de cette vie simple , patriarchale , la seule où l'on puisse
trouver la paix et les véritables plaisirs ?
Peut-être le plus grand nombre des idées qu'il
a offertes , il les avait empruntées de Montaigne , de Pascal , de Locke , et de l'immortel

E

historien de la Nature ; mais elles sont devenues à lui par la manière dont il les a
rassemblées ; il leur a prêté sa sensibilité
profonde ; il les a parées de son éloquence
irrésistible. Les philosophes avaient parlé pour
convaincre ; il a parlé pour émouvoir et se
faire obéir.

Par le charme des lettres, les rois com-
manderont aux esprits. Qu'ils animent les
grands écrivains et les engagent à consacrer
leur génie aux importans objets du rétablis-
sement de l'ordre, de la régénération des
mœurs et de la félicité publique ; et bientôt,
par l'empire de la persuasion, ils repousseront
loin des villes, cette foule de riches qui coulent, dans leurs enceintes, des jours languissans et inutiles, et les porteront dans les
campagnes où ils répandront des secours,
et retrouveront des vertus.

Philosophes incrédules, laissez aux chrétiens leurs temples, leurs tabernacles et leur
foi ; laissez-leur sur-tout cette charité vive,
sans laquelle les malheureux n'auraient plus

de pères ; ayez, du moins pour Jesus, le
même respect que les disciples d'Epicure ne
pouvaient pas refuser à Zénon. Prêtres du
Christ, ne vous abandonnez plus à l'empor-
tement du zéle, ne persécutez pas la pensée ;
votre Dieu lui-même nous en a laissé la liberté. Malheur cent fois, malheur à nous,
si nous en faisons un pernicieux usage ; mais
malheur à vous aussi, si votre ministère doux,
sensible et secourable, devient un ministère
d'inquiétude et d'oppression. Prêtres, philosophes, terminez vos éternelles disputes, qui
ne peuvent plus éclairer, et qui scandalisent
toujours. Réunissez-vous sous l'étendart de la
patrie. Soyez les plus puissans coopérateurs
de votre roi. Par les écrits, par la parole,
convainquez la raison, échauffez le sentiment,
forcez la volonté. Que le poëte, l'orateur,
le romancier même, se joignent à vous ; que
tous les talens d'accord nous montrent les
avantages de la vie champêtre ; qu'ils en pei-
gnent les charmes, et nous en inspirent l'a-
mour.

E ij

Les rois, en dominant l'opinion par les bons ouvrages qu'ils feront produire, ne tarderont pas à voir les nobles, dociles à la voix de la sagesse, retourner dans leurs châteaux abandonnés, et les riches inoccupés suivre leur exemple. Dès l'instant de leur arrivée, un jour plus doux luira sur les terres qu'ils iront habiter. Quel mouvement anime déja les hameaux ! Il faut réparer la demeure antique ; les manœuvres qui restaient livrés à la paresse et à la misère, sont employés. Chaque journée leur produit un salaire. Leur nourriture devient plus abondante et plus saine. Quelques semaines écoulées, ils ont déja fait des épargnes : ils courent au bourg voisin et en rapportent des vêtemens pour eux, pour leurs femmes et pour leurs enfans, à peine couverts de malheureux lambeaux. On ne peut habiter la campagne sans se livrer au désir de la rendre plus féconde et plus belle. Des jardins sont tracés ; on plante des bocages, on forme des vergers ; les marais se dessèchent, les landes se défrichent, les côteaux se couronnent de vignes : tous les terreins se fertilisent ; la nature se ranime, et l'argent, naguères aliment d'un luxe stérile ou corrupteur, devient le prix des utiles travaux ; et pour celui qui le verse, il est le prix des seuls plaisirs vrais et durables qu'il ait connus.

Le seul séjour d'un seigneur dans ses terres, est pour elles un bienfait. Par sa consommation il les enrichit. Les restes inutiles de sa table, qui seraient abandonnés à la voracité des animaux, s'il n'était pas environné d'hommes, sont des alimens pour le pauvre, qui n'éprouve plus les tourmens de la faim. La dame du château, bonne, sensible et vertueuse, parce que dans la douce simplicité de la vie champêtre, elle est rendue à elle-même, qu'elle n'est plus entraînée par l'exemple, dévorée par l'ennui, et livrée aux faux et vains amusemens que l'oisiveté lui rendait nécessaires, acquiert l'activité de la bienfaisance. Le malade, l'infirme, sont ranimés par ses soins. Heureuse par le bien

qu'elle fait, chaque jour elle fait un bien
nouveau. Les enfans de ces parens sensibles
les suivent dans les chaumières, arrêtent leurs
regards sur les maux, et forment leurs cœurs
à la pitié. L'humanité et la reconnaissance
unissent par des liens éternels la famille du
seigneur et celles de ses vassaux. Un échange
perpétuel de secours et de services, s'établit
entre elles ; échange heureux, où chacun
jouit également de ce qu'il donne et de ce
qu'il reçoit.

Vertueux Beaurepaire, permettez-moi de
vous offrir pour modèle. Dans votre antique
château, j'ai vu la paix et le bonheur, c'est-
là que j'ai trouvé ces mœurs réelles ou sup-
posées, dont nous aimons à chercher le modèle dans nos aïeux. Quel tableau ! Une épouse
pénétrée d'estime et de tendresse pour son
époux ; un mari tendre et heureux des vertus de sa femme ; de nombreux enfans élevés dans leur sein, et formés par leur exemple ; une famille toujours occupée d'objets
utiles, où l'ordre fait régner l'abondance,

que la gaieté n'abandonne jamais, et que la
piété, la bienfaisance animent toujours! De
ce château que le bonheur habite, il se
répand sur les villages qui l'environnent. Secondé par les dignes pasteurs que la religion a donnés pour guides depuis long-tems
à ses vassaux, il en a banni les vices; il
les a remplacés par l'activité, l'industrie et
le sagesse. Juge, médecin et père, par l'autorité de l'amour et du respect, il arrange
les procès et visite les malades. Un chirurgien envoyé par lui, donne des soins, prévient quelquefois les maladies, et souvent
les guérit ou les soulage. Tout est en mouvement autour de lui; tantôt par un travail
plus actif, mais devenu moins pénible, parce
qu'il est plus industrieux; et tantôt par la joie
qui suit toujours l'abondance. Chacun de ses
jours, rempli par des bienfaits, est terminé
par des bénédictions; et ses douces soirées
se passent à recevoir les caresses de sa femme,
de ses enfans, et à former de nouveaux projets pour le lendemain (1). Languissans habi-

E iv

tans des villes, vous goûtez peut-être quelques plaisirs ; mais vous ne connaissez pas la véritable volupté.

Il n'est point de seigneur dont la présence ne soit d'un immense avantage pour ses vassaux ; mais celui qui porte au milieu d'eux une sensibilité vive, des vues étendues et utiles, et une constance courageuse, devient un second astre qui les éclaire et les vivifie. Bâti de boue, couvert de chaume, en proie à la mal-propreté, à la faim, à toutes les horreurs de la pauvreté, Ferney était le plus déplorable des hameaux. Voltaire vient. Vingt ans s'écoulent à peine, les cabanes disparaissent ; cent maisons agréables et saines s'élèvent, les champs deviennent féconds par la culture ; les prés coupés par des canaux, donnent trois fois chaque année des récoltes abondantes ; ils sont couverts de troupeaux, nouvelle source de richesses. Le tems se prolonge par l'industrie. A Ferney, l'hiver n'amène plus l'oisiveté et l'ennui. Les arts s'y établissent, des manufactures y existent; et quand la campagne cesse d'exiger les travaux du laboureur, il devient le compagnon et l'émule de l'horloger. Sa femme, ses enfans cardent, filent les laines et les cotons employés par d'autres ouvriers. L'occupation, l'intelligence et l'activité ont banni la pauvreté et la tristesse de cette peuplade heureuse; au lieu d'elles, y regnent la joie et la santé.

Voyez les evirons de Montbar. Là le confident et l'historien de la nature en dispose à son gré. Échauffée par son génie, elle devient plus féconde, et l'homme plié à un travail, qu'agrandit l'industrie, profite de toutes ses richesses. La terre mieux cultivée double pour lui ses tributs; les monts se couronnent d'arbres inconnus à nos climats; toutes les espèces d'animaux utiles l'embellissent et prospèrent, et de nouvelles races s'introduisent et se naturalisent. Le fer arraché des rochers se perfectionne sur les rivières et sur les plus petits ruisseaux; et l'argent attiré par une intelligence active, se répand dans les familles, les fait jouir d'une nisance qu'elles n'osaient pas même espérer.

D'un seul homme, la félicité d'une multitude d'hommes peut dépendre. Mais ils sont rares ceux qui, entraînés par l'amour du bien, ont le courage d'aller chercher et répandre le bonheur dans les hameaux, et de s'éloigner des arts, des plaisirs et des lumières, qui ne se trouvent que dans les cités. La crainte de languir dans la solitude des campagnes, les enchaîne dans les villes. C'est au gouvernement à les en arracher. Sans les contraindre, il a tous les moyens de les déterminer. Qu'il emploie seulement la force de l'exemple, si puissant pour les Français; et bientôt sur les pas des grands, on verra tous les nobles retourner dans les châteaux de leurs pères. La politique ombrageuse et despotique de Richelieu les en arracha, et les campagnes se sont appauvries et dépeuplées. Que la sagesse plus éclairée de Louis XVI les y ramène; aussitôt avec les mœurs douces et simples, avec les vertus domestiques, renaîtra la prospérité.

NOTE.

(1) M. le comte de Beaurepaire, ancien capitaine au régiment du Roi, habite ordinairement la terre de son nom, située dans la partie la plus malsaine de la Bresse, et dont par conséquent les habitans ont le plus grand besoin de secours. Le tableau de la vie qu'il mène avec sa respectable compagne, n'est point tracé par l'illusion de l'amitié, mais par la vérité la plus exacte. L'hommage que je lui rends, est seulement offert par l'estime et le respect qu'inspirent ses vertus. Puisse son exemple être suivi pour le bonheur des campagnes, et celui même des seigneurs ! L'homme bienfaisant avec lumière, est le plus heureux.

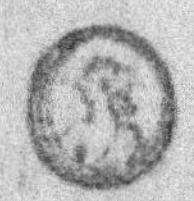

CHAPITRE VII.

Etablissement d'un Ordre patriotique.

LES seigneurs, tranquilles et heureux dans leurs terres, y reprendront cet esprit de famille et de patriotisme, qui se perd sans retour, dans la dissipation perpétuelle des grandes sociétés. Les femmes deviendront chères à leurs époux, les respecteront et en seront respectées. Unies à tous leurs intérêts, confidentes de toutes leurs pensées, au lieu de n'être dans leurs maisons que des étrangères, trop souvent incommodes, elles y seront des reines adorées. Des enfans formés par eux à la vertu, leur feront sentir quel bonheur est celui d'être père. Dans un voisinage plus habité, ils trouveront toutes les ressources de la société, et d'une société plus sûre, plus intime, plus douce, plus animée que celle des villes, qui n'est qu'un tableau mouvant, dont l'intérêt se perd à mesure que les figures se succèdent. Les connaissances généralement répandues, empêcheront leurs conversations de languir; ils appelleront les arts utiles, et jouiront peut-être mieux qu'à Paris même, des plaisirs de l'esprit. Toujours occupés de vues utiles, de projets intéressans, ils les discuteront, et parviendront souvent, par la communication des idées, à rendre leur exécution facile. L'homme instruit et bon se le déguise peut-être, mais il porte par-tout le désir d'agir et de se distinguer. La considération est son premier besoin; et s'il a du génie, il a celui de la gloire. L'émulation naîtra donc parmi les seigneurs et les riches habitans des campagnes. Sur quels objets se porterait-elle, si ce n'est sur ceux qui les entourent? Au lieu de fermiers avides, chaque village aura un protecteur et un ami. Les travaux champêtres seront guidés par des conseils, encouragés par des secours; des établissemens utiles se formeront successivement; l'instruction, mais seulement l'instruction nécessaire, se répandra ; les mendians ne seront plus connus ; un seul malheureux , qui dans une terre resterait sans assistance , deviendrait un sujet de honte pour le seigneur.

Eh ! combien l'émulation de bienfaisance champêtre ne deviendra-t-elle pas plus active encore , si le gouvernement l'encourage ? Louis XIV , qui connaissait si bien l'art de conduire les hommes , n'ouvrit pas ses trésors pour récompenser les vertus. Sa faveur , la gloire , dont il sut se rendre le dispensateur , les distinctions honorables , voilà les moyens qu'il employa pour faire éclore dans ses états , les talens rares , pour porter le génie sur les objets utiles , pour élever la valeur à l'héroïsme, et pour donner de la grandeur aux actions et aux pensées.

Les guerriers français sont les moins payés de l'Europe ; et sous Louis XIV , ils étaient les premiers du monde. Pour donner à son empire les plus vaillans défenseurs, pour créer une foule de héros , il n'eut besoin que d'un signe honorable qui les fit reconnaître. Un

ordre semblable , institué en faveur des protecteurs du peuple , lui donnerait des amis
zélés , des pères éclairés et tendres ; il serait
le prix de ces seigneurs humains et instruits,
dont les vassaux seraient devenus plus laborieux , plus intelligens et plus heureux. Sans
doute il flatterait plus l'amour-propre délicat ,
que ces cordons qui seulement annoncent
qu'on a pour ancêtres quatre nobles. Qu'il
serait beau , qu'il serait doux pour le citoyen
sensible , de réunir l'ordre des braves guerriers et celui des protecteurs des campagnes !
Mais qu'on se garde bien , si l'on veut qu'une
institution patriotique et touchante soit toujours respectée , d'accorder à la faveur une
récompense due à la seule vertu ; qu'on se
garde même de l'accorder au mérite vulgaire.
L'ordre des rois ne flatterait plus , s'il était
prodigué. Qu'il me soit permis d'entrer dans
quelques détails sur l'idée d'un établissement
dont l'exécution serait peut-être capable de
faire de la France , l'empire de l'univers , où
régneraient les mœurs les plus simples , les

plus pures, et par conséquent où les hommes de toutes les classes seraient les plus
heureux.

L'inertie de l'ame est un état contre nature.
La plupart des riches, des grands et de tous
ceux qui n'ont pas besoin, pour subsister,
des ressources de leur travail, y tomberaient,
s'ils ne cherchaient pas, dans le vice, à s'arracher à leur langueur. Peut-être moins pervers qu'on ne pense, ne sont-ils pas d'abord
vicieux avec intention ; mais ils le deviennent,
parce que l'occupation nécessaire à tous les
mortels, et les intérêts doux et puissans leur
manquent. Le grand art du gouvernement
consisterait à leur en donner. Que les marques
publiques de la considération soient le prix
de la conduite estimable et des vertus actives !
et les riches eux-mêmes seront bientôt prompts
à réparer les maux, et pressés de faire le
bien. C'est sous un règne paternel que cette
vue doit se réaliser. Je vais la présenter,
non avec tous les développemens nécessaires,
mais seulement comme un germe que la sagesse pourra féconder.   Ç'a

Ç'a été, dit Montaigne, une belle invention, et reçue de la plupart des polices du monde, d'établir certaines marques vaines et sans prix, pour en honorer et récompenser la vertu ; comme des couronnes de laurier, de chêne, etc. Il est beau de reconnaître la valeur des hommes, et de les contenter par des paiemens qui ne chargent aucunement le public ; et ce qui a toujours été reconnu par expérience ancienne, que les gens de qualité avaient plus de jalousie de telles récompenses, que de celles où il y avait du gain et du profit ; cela n'est pas sans raison et sans apparence. La vertu embrasse et aspire à une récompense purement sienne, plutôt glorieuse qu'utile. Par des richesses, on satisfait le service d'un valet, la diligence d'un courier, le danser, le voltiger, et les plus vils offices qu'on reçoive ; voire, et le vice s'en paie ; la flatterie, le maquerelage et la trahison. Ce n'est pas merveille si la vertu reçoit et désire moins volontiers cette sorte de monnoie commune, que

F

celle qui lui est propre et particulière, toute noble et généreuse.

Espérons que le gouvernement fera de cette belle idée de Montaigne, l'usage que le philosophe en aurait fait lui - même, s'il eût dirigé l'administration. Croyons qu'il établira un ordre patriotique, qui sera le prix des bienfaiteurs des campagnes. Il peut être fondé sur les principes les plus simples, et doit être seulement composé de membres dignes de l'honorer, et d'en être honorés. Trop nombreux, il ne flatterait plus, trop peu multiplié, la grande difficulté de l'obtenir empêcherait de faire les efforts et les sacrifices nécessaires pour le mériter. On pourrait fixer à six ou sept cents le nombre de ceux qui le composeraient, et y joindre cinquante commandeurs, dix agrégés et un second chef; car le chef suprême de la nation daignerait sans doute être le grand-maître d'un ordre institué pour veiller continuellement sur les besoins de son peuple. Sans doute il daignerait aussi laisser aux Etatsprovinciaux le soin de récompenser , par la distinction patriotique , les vertus dont seuls ils pourraient être juges , parce qu'ils en seraient continuellement les témoins. Chaque province aurait un nombre de chevaliers et de commandeurs patriotes , relatif à son étendue. Ceux-ci seraient choisis parmi les grands seigneurs , les gens en place , dont les vues , le crédit et le vif amour du bien , auraient fait prospérer un pays. Les princes eux-mêmes seraient flattés d'un titre librement accordé comme l'hommage de l'estime profonde et de la tendre reconnaissance.

Les agrégés seraient choisis parmi les écrivains animés du désir d'être utiles , qui s'occupent sans cesse des moyens de rendre le sort du peuple meilleur , et parmi ces citoyens généreux , qui , pour jouir du bonheur , cherchent continuellement à diminuer le nombre des malheureux. Plus à portée de les connaître que les administrateurs qui résideraient dans les provinces, les commandeurs nommeraient les agrégés , et parmi eux

éliraient un commandeur. Quel droit n'aurait pas à leur choix, qui serait plus digne
d'être indiqué à un peuple sensible, comme
un objet de respect et d'amour, que ce génie, pour qui la nature n'a point de secrets,
qui la manifeste avec toute la magnificence,
toute la force, toutes les graces qu'auraient
les discours de Dieu même, s'il daignait se
servir d'un autre langage que celui de ses
œuvres, pour parler aux mortels ? Cependant, je l'avouerai, celui qui se tait et agit
toujours comme une providence secourable
et cachée, dont toutes les actions sont pour
l'humanité, des bienfaits éclairés, qui anime
l'industrie, généralement utile, par des prix
dignes de la flatter, qui va chercher, dans
les classes les plus obscures, la vertu, pour
la récompenser ; celui-là, dis-je, dont l'existence est un bonheur pour sa patrie entière,
à qui, malgré sa modestie, il donne sans
cesse les plus touchans exemples, mériterait
au moins de balancer les suffrages, s'il ne
les obtenait pas (1).

Les administrateurs, qui accorderaient l'ordre patriotique aux citoyens les plus occupés du bonheur des campagnes, leur en donneraient les marques. La dépense en serait faite par les provinces, et ne serait pas onéreuse. Ce n'est point par l'éclat du faste que doivent être décorés des hommes généreux. Des branches de laurier et de chêne couronnaient à Rome l'héroïsme et l'humanité. Les Français, animés par l'honneur, porteraient avec orgueil, sur leur sein, une couronne d'or imitant des pampres et des épis ; elle pourroit entourer une charrue, qui rappellerait ce moment attendrissant où Louis XVI lui-même imprima des sillons, heureux présage de son amour pour les habitans des campagnes, avec légende :

Le soc est ennobli sous les mains d'un bon roi.

Ou, si l'on voulait encore plus de simplicité, on se contenterait d'écrire ces mots sur un ruban qui paroîtrait assujettir les pampres et les épis de la couronne :

Ils sèment les bienfaits et recueillent l'amour (2)

La topaze, le rubis, l'émeraude formeraient la couronne que le grand-maître, le second chef et les commandeurs porteraient. Elle serait soutenue par un large ruban verd, emblême de l'espérance et de la joie des campagnes. La décoration des premiers bienfaiteurs du peuple, doit frapper les regards, et reveiller promptement le sentiment de l'amour.

Ces vues seulement indiquées sont loin, sans doute, de la perfection qu'elles peuvent atteindre ; mais pourquoi ne me flatterais-je pas que des bons esprits, animés par le zèle et le désir du bien, les y feront parvenir ? Dans le gland tombé à ses pieds, le naturaliste voit déja le majestueux chêne, dont les rameaux ombrageront la plaine ; de même l'homme de génie, patriote, peut voir et développer dans des idées faibles le germe de la félicité publique.

NOTES.

(1) À ce portrait, il est aisé de reconnaître M. de Monthion, conseiller d'état. Quand ils sont au plus

haut point, on ne peut cacher, ni ses vices, ni ses vertus. Malgré tous ses efforts pour garder l'anonyme, personne n'ignore plus qu'il est le fondateur des prix que l'académie des sciences et l'académie Française, doivent donner tous les ans pour des objets d'utilité publique, relatifs aux sciences, aux arts et aux lettres, quand ils se consacrent au noble soin d'animer et d'exciter la vertu.

(2) Il n'est pas nécessaire d'avertir qu'on croit que toutes les légendes qui pourront être faites, seront peut - être meilleures que celles - ci : on les propose, moins pour qu'elles soient adoptées, que pour donner une idée de l'esprit dans lequel il semble qu'elles doivent être composées. Elles seront toujours bonnes, si elles réunissent le mérite de la précision, du naturel et de la sensibilité. Il paraît sur - tout que la devise d'un ordre national doit être écrite dans la langue de la nation pour laquelle il est institué.

CHAPITRE VIII.

De la trop grande quantité des Nobles.

PLUS une étoffe est précieuse, moins on doit en multiplier les fabriques. C'est dans les pays où l'on fait beaucoup de drap d'or que beaucoup d'hommes sont presque nuds.

Dans les Etats despotiques, il ne peut y avoir des nobles, puisqu'il n'y a qu'un maître et des esclaves. S'il est des nobles dans les démocraties, ils sont nuls ou embarassent. Dans les aristocraties, ils gouvernent et trop souvent oppriment. Dans les monarchies non dégénérées, les nobles sont l'ornement, le soutien du trône, le boulevard de l'empire, et l'un de ses ordres nécessaires. Le fils du monarque est le premier d'entre eux, titre que le grand, que le bon Henri IV, non-seulement prit pour lui-même, mais dont il daigna l'honorer.

La noblesse est la classe qui rapproche les

les sujets du souverain. Elle voit le peuple, elle parle au roi. C'est elle qui doit composer, en très - grande partie, le conseil du prince. Depuis le moindre grade jusqu'au grade le plus élevé, c'est à elle, exclusivement, qu'il appartient de remplir les emplois militaires (1) C'est à elle encore que la carrière diplomatique doit être principalement ouverte. Les autres fonctions lui sont interdites, et c'est avec raison. Pour cela même, c'est avec raison encore qu'elle a des distinctions, des privileges, et qu'elle jouit de la considération accordée par l'opinion. Son caractère doit être l'honneur, sa principale contribution, le dévouement absolu, les sacrifices et souvent même celui de sa liberté et de sa vie ; sa récompense, l'estime et la confiance du prince ; et son salaire, le respect de la nation ; mais plus cet ordre est essentiel et considéré, plus il doit être circonscrit dans des justes bornes. C'est dans sa proportion avec les autres ordres qu'est sa force et son utilité. Trop nombreux, il perd sa dignité et surcharge les autres classes de l'état.

Ce principe est aussi juste qu'il est certain. Trompé par de fausses spéculations et par la malheureuse considération de profits fugitifs et misérables, si le gouvernement ne s'en fut pas écarté, l'on n'eut pas associé aux races chevaleresques, issues des anciens conquérans des Gaules, cette foule de plébeyens, qui s'unissent moins au corps des anciens nobles, qui les dédaignent, qu'ils ne se séparent du corps des roturiers qui les haïssent.

Que produit cette multitude d'annoblis, que tous les ans font éclore les cours souveraines, si nombreuses et si multipliées, les municipalités des villes principales, les secrétaires du Roi, qui payent et sont payés pour ne rien écrire, et l'argent de ceux qui croyent en s'annoblissant faire oublier l'opprobre de leurs richesses? Un inconvénient extrême pour les gentils-hommes peu riches, qui n'ayant de traces à suivre que celles de leurs pères, se voyent enlever par des intrus opulens, les places auxquelles seuls ils paraissent avoir droit : et pour le peuple la douloureuse nécessité de supporter, outre ses propres charges, celles dont ces annoblis deviennent exempts. Qu'il s'en rassemble quatre ou cinq dans un village, bientôt ils y seront les principaux propriétaires, et la misère sera le partage des anciens habitans. Ceux-ci par des craintes trop fondées ou par de trop vaines espérances, de possesseurs qu'ils étaient, réduits à la triste condition de manœuvres, n'ont plus qu'une subsistance précaire et dépendante de la fantaisie ou du besoin des nouveaux acquéreurs, qui conservant la parcimonie de leur ancienne condition, et y joignant l'austérité que la magistrature donne, veulent ne payer de très-grands travaux que par des très-petits salaires. Quelle élévation que celle qui confond tous les états, qui pese sur la classe d'où l'on sort, et nuit à celle où l'on entre, qui excite les plaintes de ceux de qui l'on s'éloigne, et le dédain de ceux à qui l'on s'unit, qui fait rougir de ses

ancêtres, et ne permet pas d'entendre prononcer leur nom sans embarras et sans peine?

Si cette noblesse, beaucoup trop nombreuse, puisque chaque année l'accroît in-
nombrablement, est contraire à l'esprit de
la monarchie, qui veut que chaque ordre
conserve son équilibre ; nuisible au peuple,
qu'elle surcharge excessivement ; onéreuse
aux anciennes familles, dont elle enleve les
places et affaiblit la considération, et embarrassante pour le souverain même ; de quel
scandale n'est pas cette fausse noblesse,
dont une foule d'avanturiers se parent. Comment ne pas indiquer quand on voit, sans
crainte et sans pudeur, le fils d'un cabare-
tier ou d'un miserable huissier de province,
sous le titre imposteur de marquis ou de
comte, en imposer à toute la France, abuser
de la confiance des marchands trompés par
ces titres vains, et ravir le tems, le travail
et la subsistance des malheureux artisans?
Dans toute société policée, les filoux sont
punis. Eh quels filoux plus véritables et plus

dangereux que ceux qui ont volé le nom qu'ils portent, le titre qui les décore, et qui, à la faveur de ces larcins, volent encore avec la considération accordée à la naissance, l'argent de ceux qui ne se défient qu'après avoir été souvent abusés (2).

Ce noble déluge dont la France est inondée, est un très-grand fléau pour elle, mais sans injustice, sans sévérité, même avec la plus grande modération, il est un moyen de le faire cesser. Des sources trop fécondes ont été ouvertes, il faut les arrêter. Celle que l'argent a fait surgir avec tant d'abondance et de préjudice, dans des tems de désastres et de faiblesse, doit être tarie pour jamais.

Au lieu d'accorder aux cours souveraines le privilege d'annoblir, il faut, à l'exemple des parlemens de Rennes, de Grenoble et de Nanci, ne les composer que de nobles.

Une longue expérience prouve que ces parlemens ne sont pas ceux où la raison a le moins de force, l'équité le moins de scrupule, le peuple, les défenseurs les moins

ardens, qu'ils ne sont pas ceux qui offrent
le moins l'exemple de la modération, de la
décence, du respect que la magistrature doit
avoir pour elle-même, et de la réunion des vertus qui donne le droit au respect universel (3).

C'est un honneur assez grand que celui
d'obtenir la confiance de ses concitoyens,
d'être appellé par leur choix à l'administration de leurs affaires et aux premières places
de leur ville, sans que la noblesse y soit jointe
encore. Est-il juste que le descendant d'un
jurat de Bordeaux, d'un échevin de Lyon ou
même d'un capitoul de Toulouse, forcé par ce
nouveau rang d'abandonner l'utile et respectable commerce de ses ayeux, s'il va s'établir
en Bourgogne ou en Bretagne, appesantisse le
poids de la taille d'un village et s'asseye dans
l'assemblée des Etats à côté d'un La Beaume
ou d'un Matignon ?

Comme nous l'avons observé, c'est dans
la proportion avec les autres ordres, que la
noblesse trouverait la force, et que l'état en
tirerait, avec un grand lustre, une utilité très-
grande. Sans autre secours que celui de la

sagesse et du tems , il est possible de la resser-
rer dans les limites qu'elle doit avoir. Le moyen
en est simple. Il ne faut que remonter à son
institution et suivre le plan des conquérans.
Doués d'un grand sens , ces conquérans , prétendus barbares , ont sû faire mieux que d'envahir ; ils ont consolidé leur empire par des
loix assez bonnes pour mériter l'admiration
de celui qui les a le mieux approfondies , de
Montesquieu même. A chaque noble ils don-
nèrent un fief et le nombre des fiefs et celui
des nobles furent les mêmes. Pourquoi cette
règle pleine de raison, ne serait-elle pas encore
la notre? Pourquoi multiplier les titres , quand
on ne peut sagement multiplier les terreins
sur lesquels ils doivent être assis? Ou renon-
çons à notre constitution, ou cessons de nous
écarter des principes qui l'ont formée. Ne
revenons pas cependant à ces principes d'une
manière assez brusque pour tout bouleverser.
Le plus funeste abus est celui de chercher à
réprimer rapidement tous les abus (4).

Le gouvernement serait très-injuste s'il dé-
truisait les nobles qu'il a faits , mais il serait

injuste aussi, s'il en fesait de nouveaux sans
besoin. Pour savoir à quel nombre les familles
nobles doivent être portées, qu'il apprenne
quel est le nombre des fiefs. Cette mesure ne
peut le tromper.

Sans doute, il est des fiefs assez considérables pour enrichir une ou même plusieurs
familles puissantes, et il en est de trop pauvres
pour soutenir l'existence d'un seul individu ;
mais rien n'empêche que les uns se divisent
par le cours des circonstances, et que plusieurs
se réunissent. Laissons faire au tems ces partages. C'est lui qui récompense le travail ,
l'industrie et la sagesse et qui punit l'indolence
et la dissipation. Sans se mêler des fortunes
particulières , ce que le gouvernement doit ,
c'est d'empêcher que les biens primitivement
assignés à une classe ne soient transportés
dans un autre. C'est justement qu'il défend
au clergé d'acquérir , parce qu'il pourrait
tout envahir. C'est justement qu'il lui défend
d'aliéner , parce qu'il pourrait ne posséder
plus rien. Aux yeux de la politique même ,

ces

ces biens doivent être sacrés, tant qu'ils ne passent pas les bornes dans lesquelles la saine raison doit les circonscrire. Ceux de la noblesse ne doivent pas être moins respectés. Si les roturiers la dépouillent, elle reste sans ressource, et loin de le servir elle devient extrêmement à charge à l'état. C'est à elle que les fiefs doivent exclusivement appartenir ; mais aussi c'est seulement aux fiefs que doit se borner l'exemption de la taille et celle des impôts dont les autres biens sont chargés quand ils sont entre les mains des roturiers. Si les nobles ou ceux qui jouissent de leurs privilèges ont de grandes propriétés en roture, les tributs qu'ils ne payent pas sont rejettés sur les autres terres, et sans que le roi y gagne, peut-être même sans qu'il sache comment, le peuple est horriblement foulé.

La loi qui interdit aux roturiers la possession des fiefs, loin de lui nuire, serait très-avantageuse à la noblesse, si elle était fidélement observée. Elle empêcherait la ruine, et l'avilissement qui trop souvent la suit, d'un

grand nombre de familles ; mais en rendant
à cette loi toute sa force, il faudrait porter
le dernier coup à celle qui autorise encore
les substitutions. C'est trop peu de les avoir
réduites à quatre générations. Il serait nécessaire de les interdire absolument. Elles gênent
la liberté de ceux qu'elles grèvent, trompent
la confiance de ceux qui prêtent, rendent les
mariages plus difficiles, empêchent l'utile
circulation des biens, ôtent aux races antiques et pauvres l'espoir de se relever, privent le souverain de ses droits sur les ventes,
et souvent elles ont pour seul mérite, celui
de rendre l'homme incapable de tout, un riche propriétaire et d'empêcher qu'il cesse
de l'être (5).

Mais laissera-t-on les dignes plébeyens, qui
honorent la nation par des talens éminens et
utiles, ceux qui lui donnent l'exemple des
actions généreuses et sublimes, n'avoir pour
récompense que l'admiration générale, trop
tôt affaiblie par le tems, et leur propre estime?
Non. Il est juste, il est facile de leur en accor-

der une qui soit un éclatant et perpétuel
témoignage de leur vertu. Ce sont eux qu'on
doit choisir pour tiges des familles qui rem-
placeront les familles anciennes quand elles
viendront à s'éteindre. C'est à eux que la noblesse est due, c'est à eux qu'il appartient
de l'honorer, ce sont eux que les descendans
des antiques héros de la France s'énorgueil-
liront d'avoir pour égaux.

Toutes les fois que dans une province un
homme attirera les regards et le respect de
ses concitoyens par un mérite très-distingué,
et qu'il sera proclamé avec enthousiasme par
la voix publique, que les états ou l'administration de cette province s'en emparent, et
qu'il soit offert au monarque pour en faire
un noble de vertu, que ce soit le tribunal
même par lequel il sera présenté qui motive
et rédige les lettres qui l'établiront dans sa
dignité, que le souverain daigne joindre les
éloges aux éloges qui lui seront donnés par
ses compatriotes, et les nobles les plus illustres se feront gloire de l'avoir à leurs côtés.

Quel Montmorenci ne serait pas fier de voir partager ses honneurs par un Descartes, un Corneille, un Fabert, ou bien par un sublime et tendre ami de l'humanité ?

J'ignore de qui je descends ; mais si j'étais arrière-petit-fils de l'un de ces grands hommes, j'en serais plus glorieux que si, de ténebres en ténebres, je voyais remonter et se perdre ma race dans les antiquités barbares. Alexandre, qui pouvait s'y connaître, estimait autant la noblesse d'Homère, que celle d'Achille, et jugeait Aristote plus noble que la plupart des rois.

NOTES.

(1) Jamais ordonnance ne fut plus juste que celle qui a été faite pendant le ministère de M. le Maréchal de Ségur, pour que les emplois militaires ne fussent accordés qu'à des nobles au moins de quatre générations. Avant cette ordonnance, les gentils-hommes ayant pour concurrens les fils des magistrats, des commerçans, et des financiers, étaient rarement sûrs d'obtenir la préférence sur eux ; et les régimens remplis d'officiers qui avaient quitté l'état de leurs pères, beaucoup de

nobles étaient réduits à n'en point avoir. Sans places, sans richesses, sans occupations, que pouvaient - ils devenir? Des hommes inutiles; et des hommes inutiles, surtout à la campagne, sont bientôt des hommes inquiets, injustes et dangereux. Fiers d'un titre trop vain, ils s'en faisaient un droit pour dévaster les champs, pour exiger sans droit des services des laboureurs, et souvent pour se venger, par des outrages, des plaintes les plus raisonnables et des refus les plus légitimes. Quelquefois fléaux et scandales de leurs villages , ils en auraient été l'exemple et l'amour, s'ils étaient venus y finir des jours estimables après avoir rempli une honorable carrière.

Cette ordonnance n'est pas seulement avantageuse à la noblesse , elle l'est encore à la magistrature et au commerce. Il est utile que les familles qui se sont distinguées dans ces deux respectables états lui restent attachées. Qu'elles laissent la noblesse militaire produire des Tourville et des Turenne , c'est assez de pouvoir produire des l'Hopital , des Colbert , des Jacques Cœur et des Necker.

(2) Voyez les excellentes réflexions de M. de Chabanon sur les faux nobles , dans le discours préliminaire de ses œuvres de théâtre.

(3) S'il paraît injuste que les familles de robe s'emparent des emplois militaires, il ne le serait pas moins

G iij

que les familles militaires usurpassent les places de la magistrature. Qu'on ne fasse donc point un président du fils d'un colonel, ni un colonel du fils d'un président; mais que les enfans, à moins qu'ils n'ayent cette mission si rare que donne le génie, suivent les traces de leurs pères.

Otons cependant, la raison et l'équité le commande, ces malheureuses distinctions qui existent entre les races qui jugent et celles qui combattent, et laissons le tems imprimer également le sceau du respect sur les unes et sur les autres. Que les titres, les cordons soient les prix du grand magistrat comme ceux des grands capitaines. La dignité ducale eut reçu un nouvel éclat du nom de Montesquieu.

Quelques multipliées que soient en France les charges de la magistrature, peut-être ne le sont-elles pas assez pour que tous les descendans des magistrats puissent dans la suite espérer des places; mais pourquoi dédaigneraient-ils la noble et libre fonction d'avocat, qu'ils annobliraient encore? Les enfans des plus grands seigneurs commencent leur carrière par les grades subalternes de la milice, avant que de parvenir à l'honneur de commander. Ces grades, sans éclat, ne peuvent que rarement donner de la gloire, tandis que le ministère de la parole en promet une certaine, quand on l'exerce avec du talent, de l'honneur et des vertus. Si l'on jette les yeux sur le premier barreau de la France, qui me démentira ?

En composant l'ordre des avocats de la noblesse de la robe, quels hommes estimables, on préparerait à la magistrature ! Elle n'aurait que des juges familiarisés avec les lois qui, déja respectables par leur bonne renommée, joindraient à la souveraineté des arrêts l'autorité plus sacrée encore de la doctrine et de la vertu.

Une objection se présente. En donnant tant de places à la noblesse, en laisse-t-on assez à cette ancienne, à cette estimable bourgeoisie, qui doit être regardée comme l'une des plus importantes classes de l'état ? Oui : et si nous proposons d'élever une digue qui empêche que le tiers-état ne déborde, nous proposerons aussi d'en élever une qui empêche le peuple de se répandre trop abondamment dans son sein. Cet objet intéressant sera discuté dans le chapitre suivant.

(4) Sans vouloir en user, je sais aussi le secret de paraître érudit avec peu de savoir. Au lieu d'entreprendre de débrouiller le système féodal, que les meilleurs critiques n'ont peut-être pas encore éclairci, je renverrai à l'abbé du Bos, au Marquis de Boulainvilliers, à Freret, à Montesquieu et sur-tout à M. Robertson, qui, de tous les écrivains, est celui qui a répandu le plus de jour sur cette matière obscure. Ces auteurs sont d'accord sur un point important, celui de l'origine des fiefs.

Ils conviennent qu'ils ont été formés en faveur des guerriers qui commandaient les armées qui conquirent les Gaules. Les fiefs à la fois la récompense des services militaires et les premiers titres de noblesse, formèrent une partie essentiellement constitutive de la monarchie. Ils sont restés dans les mains qui devaient les retenir tant que le gouvernement ne s'est pas écarté de ses principes originaires ; mais quand des rois faibles et dissipateurs, des ministres qui ont voulu flatter et leurs maîtres et les courtisans, ont tenu les rênes de l'Etat, l'argent a pu tout obtenir ; la noblesse a été vendue, les fiefs mis à l'encan, et les publicains enrichis par les faux besoins des rois, sont devenus possesseurs des plus belles terres de la France. Alors les nobles appauvris, à qui les places, de ceux qui avaient envahies les leurs, étaient fermées par l'honneur, qui ne pouvaient même prétendre à descendre utilement, privés des secours de l'éducation, livrés à l'ignorance et aux défauts qu'elle entraîne, ont pesé sur la nation et sont devenus à charge au souverain, trop peu riche lui-même pour les pouvoir soutenir efficacement.

Quel remède à ces maux ? Un bien simple ; Abroger les lois qui sont mauvaises, suivre scrupuleusement, peut-être même minutieusement celles qui sont bonnes, et revenir aux coutumes anciennes quand elles sont sages.

(5) A toutes les objections faites, depuis si long-tems et avec tant de force, contre les substitutions, on ne répond qu'une seule chose, qui n'est pas même raisonnable. Elles empêchent, dit-on, que les biens ne sortent des familles, et par conséquent, que les anciennes races ne perdent leur éclat et ne viennent à s'éteindre.

Ce n'est pas dans les familles qu'il est important de conserver les biens, c'est dans les classes. Il est convenable, il est nécessaire que la noblesse soit riche, il ne l'est point que telle maison, quelque ancienne, quelque illustre qu'elle soit, ne puisse jamais cesser d'être excessivement opulente.

Il était abusif que les nouveaux nobles, après avoir acquis les plus beaux fiefs du royaume, en les substituant, les enlevassent pour toujours aux descendans de ceux pour lesquels ils avaient été créés. Il l'est encore qu'ils ayent la puissance de gêner quatre générations, et peut-être de forcer leurs petits-fils à la honte et au profit d'une banqueroute que leurs créanciers n'auraient pas essuyée, s'ils avaient eu la liberté de faire vendre justement des biens qui restent injustement à leurs propriétaires.

Au lieu d'être un moyen de perpétuer les familles, les substitutions, comme le simple bon sens et l'expérience le démontrent, produisent un effet absolu-

ment contraire. Dans les maisons dont tous les biens
sont substitués, une extrême richesse est le partage
de l'un, et une grande pauvreté, celui de tous les autres. Au seul aîné le mariage est permis, aux cadets,
aux filles, le célibat est commandé par l'impérative
loi de la nécessité : cet aîné peut n'avoir pas la
volonté d'être époux, et quelquefois, hélas ! manquer
de la vertu, qui donne le droit de l'être, une femme
stérile, des tracasseries de ménage, mille accidens trompent les intentions du testateur orgueilleux, sa race
périt et des collatéraux auxquels il n'avait pas songé,
cent ans écoulés, se disputent son héritage, que les juges, après des longs débats, accordent enfin à l'un
d'entre eux, en faisant murmurer, et peut-être avec fondement, les autres.

Les substitutions sont contraires aux droits du souverain, aux droits des pères, aux droits de la société,
et aux droits de la noblesse même.

Elles font perdre au souverain le produit des mu-
tations stipulées.

Elles font perdre aux pères ces égards, ce respect si
justement dû par les enfans, et dont ne se dispensent
que trop ceux qui ne sont pas heureusement nés, quand
ils sont sans espérances et sans craintes.

Elles font perdre à la société ses sûretés, après avoir
trompé sa confiance. Pour que le fils d'un grand sei-

gneur ne souffre pas des dissipations et de la mauvaise foi de son père, elles plongent dans la misère
mille infortunés qui leur avaient confié tous les fruits
de leur industrie et de leurs épargnes.

Elles font perdre à la noblesse, sur-tout à celle
qui n'est pas riche, l'espérance des héritages, la facilité des acquisitions et les avantages qu'elle pourrait obtenir par les mariages. Elle lui laisse la pénible inquiétude
d'une inégalité qui la blesse d'autant plus, qu'elle ne
peut guère se flatter qu'elle cessera.

Mieux on a senti combien les substitutions perpétuelles
étaient abusives, mieux on devrait juger qu'il serait
sage de les abolir entièrement, non pas par une loi
rétroactive, car le législateur ne doit jamais se jouer
de son ouvrage ; mais par une loi qui défendît de
substituer à l'avenir (*)

À cette loi, si l'on en joignait une qui interdît
l'acquisition des fiefs aux roturiers, et qui abrogeât les

(*) Le parlement de Franche-Comté n'a pas encore enregistré l'édit qui
borne les substitutions au quatrième degré. C'est au nom des rois d'Espagne qu'il a rendu long-tems la justice. Il s'est pénétré des maximes
d'une nation sage. Il paraît surtout se complaire à suivre celle qui dit :
hâte-toi lentement. Aussi ne lui reproche-t-on pas trop de précipita-
tion dans les enregistremens. Après un profond examen, il en est cependant que son amour pour le bien ne lui permettra pas de retarder encore long-tems. La nation presque entière lui recommande le
dernier rendu en faveur des non-catholiques.

privilèges des nobles , quand ils possédent des biens de
roture , le tiers-état et le peuple seraient moins foulé ,
et les familles anciennes ne seraient pas si souvent sans
ressources et sans espérances.

La petite perte que ferait le roi en renonçant aux
droits qu'il tire des fiefs quand ils passent en des mains
non nobles , serait aisément compensée. Si j'avais l'honneur d'être ministre des finances , je ne serais pas embarrassé d'obtenir des riches offrandes de la vanité. Je
ferais plus. Elle payrait gaîment. Que sait-on ? peut-
être un jour on apprendra mon secret.

CHAPITRE IX.

Des Bourgeois.

LE mot *Bourgeois* vint de *Bourg*, qui lui-même vient du mot allemand *Burg*, qui signifie un lieu plus considérable qu'un village, entouré de murs et capable de quelque résistance. Henri l'oiseleur en bâtit un grand nombre pour arrêter les fréquentes incursions des Huns ou Hongrois. Il les peupla d'habitans de la campagne, qui furent nommés bourgeois pour les distinguer des paysans. A son exemple, les autres souverains, et même les seigneurs puissans, dans les tems orageux du régime féodal, portant ou redoutant toujours la dévastation, édifièrent des bourgs qui servaient de retraites à leurs vassaux, et mettaient une partie de leurs effets à l'abri du pillage.

Par *Bourg*, on entend aujourd'hui un endroit moins grand que les villes; mais le nom de *bourgeois* est resté aux habitans non nobles de ces dernieres, au-dessus de la classe du peuple.

Quoique trop faible, une ligne de démarcation existe entre la noblesse et la bourgeoisie ; puisque pour faire des nobles, il faut au moins le sceau du roi. Celle qui sépare les bourgeois du peuple, n'est qu'idéale ; aussi ne sait-on pas où l'une finit et où l'autre commence. Cet inconvénient est extrême, parce qu'il empêche qu'une classe qui devait et qui pouvait être bien recommandable, ne le soit autant qu'elle l'a été, et qu'elle est susceptible de le redevenir.

Comme ces torrens auxquels ne s'opposent aucunes digues, qui précipitent leurs flots, enflent et troublent les fleuves jusqu'à ce qu'enfin ils s'épuisent et se dessèchent, le peuple s'épanche continuellement hors des campagnes, et c'est de son sein que chaque année voit s'élever une foule de bourgeois qui font perdre de sa considération à l'ordre estimable dans lequel ils entrent sans autre droit que celui qu'ils s'arrogent.

L'espèce d'hommes qui accroît et dégrade
la classe de la bourgeoisie , est celle qu'elle
repousserait avec force et justice , s'il lui
était libre de faire des choix (1) ; cependant par son essence , elle doit offrir d'immenses ressources à l'état. C'est à elle à l'enrichir par le commerce , à l'éclairer par les
lumières qu'elle est plus à portée d'avoir
que les autres ordres , parce que , placée au
centre , elle correspond à tous les points ;
à concourir puissamment au soin de maintenir l'ordre , parce qu'à très - juste titre ,
une grande part de la police lui est confiée ;
à soutenir , à ranimer les arts utiles, à exciter
l'industrie , à faire subsister une multitude
d'ouvriers , parce que les manufactures sont
entre ses mains ; c'est à elle , soit par les
fermes , soit par les régies, à faire prospérer
les domaines du roi ; c'est à elle à décorer
la France , à lui conserver l'empire des talens et du génie , parce que c'est sur-tout
de son sein que les grands artistes s'élevent ;
c'est à elle enfin à répandre l'esprit de jus-

tice, à prévenir les erreurs des cours supérieures, à préparer des arrêts équitables, parce
que c'est elle exclusivement qui remplit les
tribunaux inférieurs.

C'est dans l'ordre des bourgeois que résident les puissans intérêts de la nation.
Ils secondent les grands desseins du gouvernement, quelquefois les suggèrent et dirigent toujours les importans travaux. Médecins, chirurgiens, ils viennent au secours de
l'humanité souffrante et consolent du moins
s'ils ne guérissent pas. Par le charme des arts,
ils donnent sans cesse aux riches des jouissances pures et renouvellées, ils élevent l'esprit
du peuple en multipliant autour de lui les
créations de l'intelligence. Moins distraits par
les affaires, moins tourmentés par les passions,
plus accoutumés à la réflexion, plus habitués au travail, plus libres, c'est aux bourgeois que les sciences doivent leurs grands
progrès, et qu'on a l'obligation des importantes découvertes. Les pays d'états et les provinces qui jouissent du bienfait des administrations

nistrations savent ce que peuvent leurs vues,, leur zèle et leurs soins. C'est à eux que la véritable richesse , l'espoir de la nation et le trésor des pères sont confiés. Comme professeurs , entre leurs mains , sont presque tous les enfans les plus précieux à la patrie. Quelle sublime fonction ! ils ont à préparer des hommes.

Avec tant d'avantages , tant de routes qui menent à la considération , à la gloire , et sur-tout à la fortune ; comment l'ordre de la bourgeoisie n'est-il pas content de son partage ? Il se plaint que trop de places sont exclusivement possédées par la noblesse , et que la noblesse conserve trop de priviléges. Loin de le satisfaire sur le premier objet, il me semble , comme je l'ai déjà observé , que les charges de la magistrature, dans les cours souveraines , devraient appartenir aux nobles seulement. Il ne me sera pas difficile de prouver que le peuple et la bourgeoisie même gagneraient beaucoup par cet arrangement (2).

H

Une noblesse sans priviléges serait une
chose illusoire, absurde, et qui n'existerait
pas long-tems. Quels seraient les nobles assez
insensés, si on leur ôtait toutes leurs prérogatives, pour se contenter du stérile honneur de
porter un vain titre qui les forcerait de renoncer
à tous les avantages réels ? S'ils abandonnent
aux plébéyens toutes les places lucratives, et
même la plus grande partie de celles qui sont
à la fois lucratives et honorables, n'est-il
pas juste qu'ils ayent quelques dédommagemens ? Ces dédommagemens ne sont même pas
énormes. Ils consistent en droits de fiefs,
sagement réduits à un point où ils ne sont
plus ni abusifs, ni très-onéreux ; en quelques exemptions importantes pour eux, mais
qui ne rendent pas la charge du peuple beaucoup plus pesante ; et en quelques distinctions
assez vaines, qui peut-être les flattent ; mais
qui certainement ne doivent pas humilier les
autres classes.

Qu'on dépouille la noblesse de ses prérogatives, elle n'existera plus ; car la vanité, à

quelque excès qu'on la suppose , ne fera
jamais préférer un futile bien d'opinion à des
biens réels et considérables. L'amour de la
gloire est capable de grands sacrifices. La
vanité ne l'est pas.

Sans entrer dans la grande question de la
nécessité de l'ordre de la noblesse dans une
constitution purement monarchique (3), le plus
simple raisonnement fera voir que son anéan-
tissement, au lieu d'être utile au tiers-état ,
lui serait au moins, dans les premiers tems
très - préjudiciable. Il ôterait au peuple un
grand nombre de protecteurs, il donnerait
aux bourgeois un grand nombre des rivaux.

Supposons qu'un roi , séduit par les dé-
clamations que de fausses idées de liberté
et d'égalité produisent , enlevât à la noblesse toutes ses prérogatives et tous ses priviléges , il est certain que cette classe dé-
chue deviendrait la plus malheureuse de toutes, et que ceux qui la composent, loin d'avoir
de l'intérêt à y rester, auraient les plus puissans motifs pour y renoncer. Alors par un

mouvement rétrograde , les nobles repousseraient les bourgeois de la plupart des places qu'ils occupent sans partage , entreraient du moins en concurence avec eux , et bien souvent obtiendraient la préférence.

Quelque abrégées qu'elles soient , les discussions sur la différence des conditions entre les hommes , sont rarement exemptes de déclamation et d'ennui ; mais peut-être vaut-il mieux ennuyer un peu que de laisser sans les combattre les plaintes injustes et les jalousies sans fondement , quand il suffit d'un petit nombre de faits pour démontrer qu'elles sont dépourvues de raison : que la noblesse soit assimilée aux patriciens de Rome , que les bourgeois le soient aux chevaliers , que les uns et les autres protégent le peuple , et que tous les ordres se rappellent et méditent l'apologue sensé *des membres et de l'estomac.*

Les bourgeois couvrent les mers de leurs vaisseaux , donnent leurs officiers à toutes les compagnies , à toutes les flottes mar-

chandes , les consuls à toutes les villes ;
et des innombrables branches du commerce,
ce sont eux qui recueillent tous les fruits ;
c'est entre leurs mains que sont tous les
emplois de la finance ; ils remplissent les
bureaux des ministres et des intendans , les
charges de magistrature dans les tribunaux
inférieurs leur appartiennent. Ils composent
les corps municipaux des villes ; les sociétés pour toutes les grandes entreprises sont
formées par eux , la direction des travaux
publics leur est confiée ; ils possedent le plus
grand nombre des bénéfices du clergé sans
être exclus de ses premières dignités ; à eux
seuls , ils ont autant de places dans les administrations provinciáles , que la noblesse et
le clergé réunis ; enfin , quelle immense quantité encore de charges , d'emplois , plus ou
moins honorables , mais tous honnêtes et
presque tous assez rétribués pour faire vivre
dans l'aisance , ne sont pas entre leurs mains ?
Si leur état est moins brillant que celui des
nobles , doivent - ils leur envier un peu d'é-

clat, quand, par l'intelligence et le travail,
ils peuvent acquérir les richesses, la considération par les mœurs et la probité, et la
gloire par l'union des talens et des vertus?

Si l'ordre de la bourgeoisie, par un accroissement malheureux, se trouve surchargé
de ses propres membres, et par-là même s'affaiblit, si le trop grand nombre de concurrens qu'il adopte rend ses ressources insuf-
fisantes, et si la multitude qui le compose
lui fait perdre une partie de la considération qu'il doit avoir; c'est à lui qu'il doit
s'en prendre et peut-être au gouvernement,
qui l'a laissé démésurément s'étendre. Qu'il
éleve une digue entre lui et le peuple, comme
il doit s'en élever une entre la noblesse et
lui, et le débordement dont il souffre n'existera
plus dans une révolution de tems que détermi-
nera sa prudence.

C'est un abus, un extrême abus que chacun soit maître de se donner son titre. Quelque soit celui qu'on désire, il ne doit être
permis de le porter que de l'aveu de ceux

qui ont le droit de l'accorder. C'est au souverain seul qu'il appartient de faire des nobles ; mais il paraît qu'il serait convenable, juste et sage que les bourgeois choisissent eux-mêmes ceux qu'ils regardent comme dignes d'entrer dans leur corps. Leur choix serait rarement malheureux, parce qu'il serait éclairé par l'intérêt qu'on a toujours à composer son ordre le mieux qu'il est possible, et la manière d'y procéder serait bien simple et bien facile.

L'ordre de la bourgeoisie, tel qu'il existe aujourd'hui, pourrait s'assembler dans chaque ville, fixer lui-même ses limites et constater, assurer l'état de chacun de ses membres par des lettres authentiques et un enregistrement solemnel. Alors une barrière respectable le séparerait de la classe inférieure à lui, et ne s'ouvrirait qu'en faveur de ceux qu'il voudrait admettre. Il ne faudrait pas que l'association des bourgeois d'une ville fût bornée à son enceinte, mais qu'elle s'étendît sur tout le canton de son ressort. Par ce moyen, les ex-valets, les inconnus, les gens coupables par la manière dont ils ont acquis leurs petites fortunes, ne se créeraient pas eux-mêmes bourgeois dans les campagnes, n'affligeraient pas de leur présence le peuple, qui les envie par faiblesse, et qui par sotise les respecte, ne le décourageraient point, en jouissant, sans avoir travaillé; ne contribueraient point à sa ruine, en lui faisant acheter bien cher des secours faibles et momentanés, et ne lui donneraient pas le fâcheux désir de quitter l'honorable charrue de ses pères, pour se couvrir d'une riche et honteuse livrée, ou pour aller, aux dépens de la vertu, chercher une fortune incertaine, que rarement on obtient sans avoir appris à ne plus rougir (4).

Pour donner une sanction entière à la bourgeoisie de chaque famille, les lettres des bourgeois de chaque district d'administration provinciale seraient enrégistrées dans le bureau de ce district, et même devraient l'être dans celui de la commission-intermédiaire de l'assemblée générale.

Avec la plus grande sagesse et la plus grande justice, en laissant aux bourgeois le droit d'unir de nouvelles familles à eux, il serait prudent d'opposer quelques obstacles à la trop grande facilité qu'ils pourraient avoir d'accorder une grace assez importante pour qu'elle soit méritée.

Pour contenir ce mouvement si naturel des ames généreuses qui les porte à partager, sans peine, les avantages dont elles jouissent, on pourrait exiger que les nominations de bourgeois que feraient les villes n'eussent leur effet qu'après qu'elles auraient été ratifiées par l'assemblée du district et ensuite par l'assemblée provinciale même. Si l'on veut que l'honneur dirige les corps, on ne sauroit donner trop d'attention à la manière dont ils se composent.

Dans ce moment où un roi se livre à la grande pensée de régénérer les ames dans son empire ; ne serait-il pas permis de lui en offrir un nouveau moyen ; La classe des bourgeois est celle où il y a le plus d'activité, de constance et d'industrie, et par conséquent, elle est celle où il est le plus aisé de rappeller l'amour du travail et les mœurs. Il semble qu'il est une manière simple d'y parvenir ; c'est de joindre au droit qu'on laissera aux bourgeois de créer leurs nouveaux membres, celui de rejetter ceux qui ne seraient pas assez coupables pour mériter l'animadversion des lois ; mais qui le seraient trop pour être vus avec indulgence ou même indifféremment par des hommes égaux, entre eux, et jaloux de conserver l'honneur de leur classe. On apprend à s'observer soi-même, quand on est sûr de l'être par ses pairs.

Mais la réputation, l'existence civile, le repos des citoyens ne doivent pas être légèrement détruits. C'est sur-tout quand il est question de punir qu'il faut que la prudence et la modération décident. Plus un corps est conduit par le sentiment de l'honneur, plus il s'effarouche aisément, et plus il est prêt à sévir. Combien de fois n'est-il pas arrivé que des particuliers ont été les victimes de la délicatesse des corps trompés ? Cet inconvénient serait inévitable et pourrait avoir des suites funestes, si les jugemens des bourgeois d'un canton, quelquefois comme forcés par les apparences et peut-être quelquefois dictés par la prévention ne laissaient aucune ressource à ceux qu'ils condamneraient. Il est donc juste qu'ils n'ayent leur effet définitif qu'après qu'ils auront été soumis à l'examen impartial de l'assemblée du district, et ensuite à l'examen plus impartial encore de l'assemblée de la province. Avec quel effroi ne doit-on pas prononcer, quelles précautions ne doit-on pas prendre quand il s'agit de flétrir un homme, de le vouer pour toujours au malheur et à la honte? et si cet homme a un père, et s'il a des enfans !

Le gouvernement le veut. Il réformera la nation, il créera des citoyens. Il en a trouvé un moyen sûr, en donnant aux bourgeois une influence qu'ils méritent d'avoir. Par la confiance et son estime, il forcera cet ordre à produire des hommes. L'envie qu'il portait à la noblesse, deviendra une louable émula-

tion. Par les travaux , le zèle et le patriotisme , il s'efforcera d'égaler les nobles ; et
pour n'être pas surpassés , les nobles acquerront de nouvelles lumières et de nouvelles
vertus. Emules , unis par les plus touchans
intérêts , ces deux ordres à l'envi chercheront
à seconder le souverain , et rendront le sort
du peuple plus heureux.

NOTES.

(1) Comme les maîtres de danse et d'escrime , les
histrions , les faiseurs de tours , les charlatans , les ca-
baretiers , les fripiers , les usuriers , etc, etc, etc.

(2) Toutes les fois que le nombre des nobles est plus considérable qu'il ne doit l'être , le fardeau des impositions
devient plus lourd pour le peuple et pour les bourgeois , et les charges accidentelles et trop fréquentes que
supportent les villes , comme les logemens de gens de
guerre , les fournitures de chevaux et de charrois, et tant
d'autres taxes encore très-onéreuses et très-incommodes
pèsent davantage sur ces derniers à cause des exemptions dont la noblesse jouit. Il vaut donc incomparable-
ment mieux pour eux qu'un très-petit nombre de bourgeois puisse s'élever à l'ordre de la noblesse , que si

set ordre prenait un accroissement extrême qui se ferait nécessairement aux dépens des plébéyens. Combien les rois seraient avares de graces s'ils songeaient à ce qu'elles coûtent à leurs sujets ! Souvent ils accablent des villages pour donner une pension médiocre et non méritée.

(3) Quand Voltaire juge Corneille , quoique ses jugemens soient d'une extrême rigueur , rien n'est plus naturel. César avait le droit d'apprécier Alexandre , mais Voltaire avait-il celui de satyriser Montesquieu ?

L'Esprit des lois qui fait la gloire de la France, que les Italiens méditent, que les Espagnols même ont traduit, que l'Allemagne et les Etats du Nord ne se lassent pas d'étudier, que l'Angleterre admire, et qui est cité dans son parlement comme l'une des plus puissantes autorités, l'Esprit des lois devenu le livre de l'Europe, méritait plus d'égards, et quoiqu'on ait pu, qu'on ait dû quelquefois le combattre, il n'était ni décent, ni convenable d'employer contre lui l'épigramme et le ridicule (*). Au reste plus on y réfléchit, plus on voit que le système de Montesquieu sur la noblesse, a pour base la constitution même de la monarchie véritable. Qu'on le relise, avec attention, et malgré tous

---

(*) Voyez Œuvres complettes de Voltaire , tome XLV. Commentaire sur l'Esprit des lois,

les efforts de ses adversaires, on sera convaincu de cette vérité. On le sera même, si l'on veut réfléchir un peu profondément, que tout en plaidant la cause du peuple on peut soutenir celle des nobles avec justice et sagesse.

Peu importe l'intérêt que l'auteur de cet ouvrage peut avoir à ces causes, qui bien examinées n'en sont réellement qu'une seule ; il est certain que si la république des bons Troglodites avait pu exister ailleurs que dans la conception d'un vaste et beau génie, il préférerait d'en être le dernier citoyen à l'épée de connétable du plus puissant empire.

(4) Chez les anciens, l'esclavage était un malheur et n'aurait pas dû être regardé comme une infamie, comme un opprobre puisqu'il n'était pas volontaire. Chez nous où la servitude est toujours un effet de la volonté, elle suppose nécessairement l'avilissement de l'ame, et cette supposition n'est que trop justifiée par l'expérience. Ésope, Phèdre, Épictete, Térence, et d'autres grands hommes se sont élevés dans les fers ; et de la livrée il n'est pas sorti un talent qui ait mérité quelque estime ; cependant combien dans les empires modernes les domestiques n'ont-ils pas de ressources pour se tirer d'une abjecte ignorance? Dans les grandes villes, les arts étalent leurs prodiges à leurs yeux ; aux spectacles, c'est pour eux comme pour les princes que les chefs-d'œuvres de Corneille, de Racine, de Moliere, de Voltaire sont représentés ; les livres que leurs maîtres lisent s'ouvrent pour eux ; deux fois par jour, ce sont ordinairement des conversations aimables, ingénieuses ou instructives qu'ils entendent. Rien ne les éclaire et la plûpart d'entr'eux ne semblent aimer que l'inertie de la paresse ou la dépravation de la débauche. Ceux qui se préservent de ces vices, quand la probité ne les abandonne pas, n'exercent leur intelligence que sur les moyens de faire une fortune, qu'il serait dûr de leur envier puisqu'ils l'achetent aussi cher. Ce sont ces derniers, qui après avoir accumulé de petits gains, reviennent dans les campagnes ou dans les villes, s'y décorent eux-mêmes du titre de bourgeois, qu'ils soutiennent du mieux qu'ils peuvent, en prêtant chaque année dix ou douze fois leur argent.

Quelque fondés que soient en général ces reproches, il y aurait peu d'équité à penser que tous les domestiques, sans exception, les méritent. Il en est qui honorent leur misérable condition et doivent être très-chers à leurs maîtres ; mais il n'en est point, pas même les valets-de-chambre des princes, qu'on doive laisser passer de l'état de servitude à la classe honorable de la bourgeoisie. Qu'on en fasse, si l'on veut, comme à Rome, des espèces d'affranchis, et qu'on leur abandonne les

ressources du petit négoce, que les familles bourgeoises
doivent dédaigner.

Que de choses il y aurait à dire sur cette innombra-
ble quantité de domestiques, produite par la corruption,
et qui l'augmente à son tour.

CHAPITRE

CHAPITRE X.

De la Religion et des Evêques.

Tout ressort en administration, est nécessairement bon ou nuisible. Bon, on ne doit pas souffrir qu'il se relâche ; nuisible, on ne doit pas hésiter à le détruire. L'expérience de tous les siecles, l'histoire de tous les peuples, nous apprennent que le ressort de la religion a toujours eu la plus grande puissance ; mais cette puissance a-t-elle agi pour établir et maintenir l'ordre dans les sociétés, ou pour y obscurcir les lumières de la saine raison, et y répandre, à la faveur des ténebres, le trouble et la confusion ? Je n'essairai pas de résoudre cette importante question, que le simple bon sens peut cependant décider, quoique chez toutes les nations dégénérées, on ait entassé les sophismes les plus propres à l'environner de nuages. Portons-la, non au tribunal d'un théologien in-

I

téressé ou fanatique, mais à celui d'un philosophe véritable. Ecoutons Montesquieu : *Je crois*, dit-il, *que la secte d'Epicure, qui s'introduisit à Rome sur la fin de la république, contribua beaucoup à gâter l'esprit et le cœur des Romains. Les Grecs avaient été infatués avant eux, aussi avaient-ils été plutôt corrompus. Outre que la religion est le meilleur garant qu'on puisse avoir des mœurs des hommes, il y avait cela de particulier chez les Romains, qu'ils mêlaient quelque sentiment religieux à l'amour de la patrie.* (Causes de la grandeur et de la décadence des Romains.)

Montesquieu ne se contente pas d'établir, d'une manière aussi positive, son sentiment sur la nécessité d'une religion ; il l'appuie par les autorités les plus respectables et les plus fortes.

Cynéas en ayant discouru (de la secte d'Epicure), *à la table de Pyrrhus, Fabricius souhaite que les ennemis de Rome pussent tous prendre les principes d'une pareille secte.* (Plut. vie de Pyrrhus, note de Montesquieu.)

Si vous prêtez aux Grecs un talent, avec dix promesses, dix cautions, autant de témoins, il est impossible qu'ils gardent leur foi ; mais parmi les Romains, soit qu'on rende compte des deniers publics, ou de ceux des particuliers, on est fidèle, à cause du serment qu'on a fait : on a donc sagement établi la peine des enfers, et c'est sans raison qu'on la combat aujourd'hui. (Polyb. liv. 4, autre note de Montesquieu.)

Si les plus sages d'entre les Romains, au milieu de leurs divinités sans nombre et contradictoires, ont senti que leur religion, sans doute émanée de cette loi primitive que Dieu même donna aux premiers hommes, mais qui se défigura quand la tradition se perdit, et qui devint absurde quand toutes les superstitions des imaginations égarées ou faibles la dénaturèrent ; si, dis-je, les plus sensés des Romains et des Grecs sentirent que les grandes associations ne pouvaient se

maintenir sans le secours de ces religions
défectueuses, comment les gouvernemens modernes ne comprendraient-ils pas qu'ils peuvent tirer leur principale force d'une loi qui
n'a besoin que de sa morale simple et sublime, pour démontrer qu'elle est la loi d'un
Dieu ?

Le stoïcisme suffit autrefois pour faire de
bons empereurs. Le christianisme seul peut
détruire les vices d'une nation entière, lui
donner des vertus; et pour rendre heureux
un empire, il ne faut que le faire régner,
avec sa pureté originaire, dans tous les ordres de l'état.

De ce principe trop certain, pour que je
m'arrête à le prouver, dérive une conséquence
également certaine, qui est, que le chistia-
nisme faisant nécessairement la sûreté et le
bonheur d'une nation, ne fut-ce que par
des motifs purement humains, ceux qui la
gouvernent, doivent le maintenir dans toute
son intégrité ; mais seulement dans son intégrité. Le moyen le plus sûr qu'ils aient

pour y parvenir, est de ne confier le ministère apostolique qu'à des hommes qui,
par leur sagesse, leurs mœurs, leurs vertus,
le fassent respecter (1).

Si le crédit, la protection, l'intrigue font
les évêques ; des pasteurs sans sollicitude verront bientôt se dissiper leur troupeau, et le
troupeau sans gardien ne tardera pas à languir. Cependant le peuple a le droit d'attendre
des soins de ses pontifes ; quand ils ne les
lui donnent pas, ils le privent de sa propriété la plus sacrée ; ils lui doivent, dans
tous les tems, leur présence ; et, par eux-
mêmes et par leur clergé, l'instruction ; ils
lui doivent une surveillance continuelle, qui
préserve ses mœurs, qui prévienne les maux,
autant qu'il est possible, et les répare quand
il n'a pas été moyen de les empêcher ; ils lui
doivent des soulagemens efficaces dans ses
besoins, des consolations puissantes dans
ses peines, des secours abondans, et des
sacrifices entiers dans ses calamités ; ils lui
doivent, sur-tout, une conscience qui ne

trompe pas les pontifes eux-mêmes sur l'immense étendue de leurs obligations ; cette conscience qui guida toujours le respectable Belzunce , et en fit l'ange des consolations , au milieu des terribles ravages de la peste de Marseille ; cette conscience qui rendit Fénélon le meilleur , le plus tendre des pères, pour tous les habitans du diocèse de Cambrai ; qui conduisit si souvent dans les cabanes , l'un des plus beaux génies de la cour de Louis XIV , pour n'y parler que le simple langage des hameaux , cette conscience enfin , qui inspirait toutes les actions d'un prélat que Dijon regrettera sans cesse , et qu'Auch bénira toujours.

L'esprit du christianisme est une charité vive , agissante et tendre. Il veut que les hommes soient les uns pour les autres des frères , et que les pontifes aient non-seulement le zèle apostolique ; mais il veut encore plus , qu'ils aient la sensibilité paternelle. Cet esprit , le plus parfait de tous , puisqu'il tend à l'union & au bonheur général , est sur-tout favora-

ble au peuple, à qui il assure de la protection ; et aux gouvernemens, à qui il donne
la certitude que le peuple, jamais abandonné,
ne tombera jamais dans l'excès de sa misère ;
et que par conséquent ils peuvent, sans
crainte de l'accabler, exiger les secours nécessaires.

En administration, le bien qu'on fait est
promptement récompensé par le bien qu'il
produit. Il est aisé d'imaginer les avantages
qui résulteraient du bon choix de deux cens
hommes dispersés dans toutes les parties du
royaume, qui doivent être les organes de la
divinité par leur caractère, et ses images par
leurs bienfaits. Dans des diocèses moins vastes que ceux qui sont trop étendus, et moins
bornés que ceux qui ne sont composés que
de quelques paroisses (1), ils seraient des
guides sûrs, des anges pacificateurs, les ministres de la charité. A portée de tout voir,
de tout connaître, de tout éclairer, ils deviendraient les confidens de toutes les peines, les amis de tous les âges, la ressource

de tous les malheureux, les protecteurs du
travail, de l'industrie et des mœurs. Les yeux
toujours ouverts sur leur clergé, ils en diri-
geraient l'esprit; ils l'animeraient, non pas
de ce zèle amer et ardent, qui dévore et tourmente ceux qu'il enflamme, tandis qu'il
trouble, et souvent révolte ceux qui en sont
l'objet; mais de ce zèle doux et tendre,
dont le langage est touchant, dont les soins
renaissent, dont les succès sont sûrs, parce
qu'il compâtit toujours aux faiblesses, parce
qu'il est toujours prêt à plaindre, à soulager
les maux, parce qu'il ne s'enveloppe point
des livrées d'une inutile et sombre austérité,
parce qu'enfin jamais l'humanité ne l'abandonne.

Dans un diocèse dont l'évêque pourrait apprécier tous les prêtres, il trouverait bientôt
de sages coopérateurs de ses travaux, et des
ministres de sa bienfaisance. Faire le bien,
ce n'est que céder à l'inspiration de la nature. Presque tous les hommes sont portés à
la suivre; mais ils ont presque tous besoin

d'être entraînés par la force de l'exemple.
Comme les troupeaux, il faut que le bélier
soit à leur tête pour les guider. L'exemple
peut tout. Un évêque enflammé de l'amour
du bien, ne tardera pas à en faire naître
l'émulation dans son clergé; il le fera concourir à ses projets utiles, parce qu'il l'aura
pénétré de ses sentimens.

L'évêque, suivi de prêtres humains comme
lui, portera dans ses visites, avec l'instruction religieuse, l'esprit d'examen et d'observation; il saura dans chaque village quels
sont les moyens de subsistance, quels encouragemens on peut lui donner, quels établissemens on peut y faire; il en connaîtra les
mœurs. S'il y règne des vices particuliers, il
en découvrira les causes; il verra quels sont
le mérite et la capacité de ceux qui tiennent
les écoles; il jugera du zèle et des vertus
des curés. Instruit de la situation de chaque
paroisse, il parviendra bientôt à réprimer par-
tout les abus, à ménager des secours pour
les pressans besoins, à procurer de l'occu-

pation et un salaire aux pauvres de tous les
âges et de tous les sexes ; et conjointement
avec les seigneurs, les curés et le gouvernement même, il combinera les vues les plus
propres à faire prospérer les campagnes.

Mais c'est sur-tout en préparant de bons
pasteurs, qu'il deviendra leur bienfaiteur véritable. Son séminaire, confié à des directeurs éclairés et prudens, sera l'école de l'humanité. Sans doute la théologie y sera enseignée dans toute sa profondeur et dans
toute sa pureté ; mais on s'y attachera plus
encore à inspirer cette charité tendre et vive
que la religion demande, et qui devient elle-
même sa récompense. Les jeunes ecclésiastiques destinés à conduire des paroisses de
campagne, seront formés pour les diriger
avec sagesse, pour en mériter la confiance
et pour en obtenir l'amour. On leur donnera
les connaissances nécessaires pour charmer
la solitude, et celles qui pourront contribuer
à les rendre continuellement utiles à leurs
paroissiens. Sous les yeux d'un évêque ver-

tueux, il se préparera, pour chaque village, un guide, un ami, un père; et quand la mort viendra ravir à son troupeau ce pontife vénérable et chéri, ses bienfaits ne mourront pas avec lui. Son génie planera sur son diocèse; et l'esprit qu'il aura répandu, subsistera long-tems encore après qu'il ne sera plus (2).

NOTES.

(1) La raison, avec moins de force, à la vérité, qui doit déterminer le souverain à ne choisir pour évêques que les hommes les plus vertueux, doit aussi l'engager à n'accorder les abbayes qu'au mérite, et lui faire souhaiter que les abbés y résident. Je le repète : pour son propre intérêt, il ne peut trop multiplier les protecteurs des habitans de la campagne. Un moyen sûr de leur en donner, est de faire vivre parmi eux les riches bénéficiers. Éloignés du faste des villes, ils seraient forcés de céder à la sensibilité, et de s'abandonner au désir d'écarter la misère de leur séjour. Alors cesseraient ces plaintes trop amères contre les richesses du clergé, mais peut-être bien fondées, si ces richesses sont détournées de leur destination véritable.

J'avoue qu'il me paraît difficile de ne pas pardonner un peu d'humeur à l'honnête homme forcé de parcourir les rues de Paris à pied, quand il se sent éclaboussé, ou qu'il court le risque d'être écrasé par la voiture rapide d'un bénéficier qui vient de dîner chez une jolie dame, ou qui va souper chez une autre. Ne lui serait-il pas permis de souhaiter que le carosse qui le couvre de boue, où le fait craindre pour sa vie, fût converti en argent pour les pauvres du canton qui a fourni de quoi le payer ?

(2) Le diocèse de Milan est encore l'un des mieux gouvernés, parce que les bons établissemens qu'y a faits S. Charles Boromée subsistent, et que tout s'y conduit toujours par son esprit.

CHAPITRE XI.

Des Curés.

QUEL doux tableau se présente à mes yeux ? Je crois voir ces jours des premiers âges où les hommes rassemblés en nombreuses familles, vivaient, sous l'autorité des patriarches, dans l'innocence, la paix et le bonheur. Je crois voir la possibilité de les faire renaître, ces jours tranquilles, purs et heureux.

Parmi les moyens de rendre meilleure la condition des cultivateurs, l'un des plus efficaces, est de placer au milieu d'eux des prêtres sages, éclairés et humains. Il faut à l'enfance des guides doux et sensibles ; et la vie des hameaux n'est presque qu'une enfance prolongée : elle sera innocente et heureuse quand elle sera bien dirigée.

Transportez - vous dans les villages de la Suisse, et sur-tout dans ceux du Valais ; vous y verrez des hommes actifs se livrer

avec intelligence au travail, des femmes mo-
destes et laborieuses, des vieillards respectés
et contens, des ménages tranquilles et unis,
la paix régner toujours, et des fêtes animées,
sans désordre, par une joie franche et vive ;
mais vous y verrrez aussi des pasteurs très-
instruits qui surveillent sans cesse leurs troupeaux, et qui joignent à la profonde connaissance de la doctrine qu'ils enseignent, cet
esprit de charité que la religion demande ,
et qui rend ses ministres des guides sûrs ; et
des tendres consolateurs pour les autres hommes. Il leur est ordinaire de réunir aux lumières et aux vertus de leur état, le goût
des sciences qui peuvent enrichir les campagnes , et procurer à leurs habitans de nouvelles jouissances.

Il est possible de donner à nos villages
de semblables curés. Il ne faut que former et
faire adopter, dans tous les séminaires, un
plan d'éducation , qui prépare les jeunes
ecclésiastiques à trouver et à répandre le
bonheur , dans les paroisses qui leur seront

confiées. C'est sur l'esprit patriarchal qu'on le doit établir ; c'est le sentiment de l'amour qu'on doit leur inspirer ; et ce sont les moyens d'en jouir, par la bienfaisance et par la charité, qu'on doit leur faire acquérir. Destinés à couler des jours paisibles parmi des hommes, il faut les entourer de toutes les ressources qui pourront prêter des charmes à leur vie, et les rendre plus utiles à leur troupeau. L'homme qui ne sait pas s'occuper, n'est jamais bon. L'humeur s'en empare, l'aigrit ; il devient dûr et repoussant, parce qu'il souffre de son propre ennui ; ou, s'il veut s'en arracher, il se livre à des goûts bas, et souvent à des vices scandaleux.

En inspirant dans les séminaires l'amour des lettres aux jeunes ecclésiastiques, en leur donnant les connaissances qu'ils pourront le le plus facilement et le plus utilement cultiver, comme la physique, l'histoire naturelle, la géométrie et quelques notions de jurisprudence, on les préservera de l'oisiveté et de la corruption, qui presque tou-

jours la suit. Ils trouveront de l'intérêt dans
chaque moment de leur vie ; ils éclaireront
les travaux des laboureurs, diminueront leurs
peines, ajouteront à leur aisance. Après leur
avoir prêché la paix, ils l'établiront parmi
eux, en devenant juges de tous les différends ;
enfin, plus instruits et plus dignes encore
d'être recherchés, ils se lieront plus aisément, plus intimement avec les seigneurs des
paroisses, leur en feront connaître les besoins, en obtiendront des secours, et com-
bineront avec eux les moyens d'en bannir la
misère, d'y encourager les mœurs, le travail et l'industrie, et d'y fixer la gaieté.

Cette union des seigneurs et des ministres
des autels, est peut-être la principale cause
du bonheur qui règne dans les villages d'Angleterre, et de la supériorité de caractère
qu'ont les cultivateurs Anglais sur ceux de
la France ; l'accord de deux hommes vertueux. Eh ? comment ne le deviendrait-on pas
dans la simplicité de la vie champêtre ?
L'accord de deux hommes qui, pour répandre

dre un nouveau charme sur chacun de leurs
jours, exercent continuellement leurs cœurs,
et s'occupent sans cesse à faire le bien, n'est-il
pas assez puissant pour que bientôt la félicité naisse autour d'eux? La dame du château, bienfaisante et sensible, ne goûtera-
t-elle pas aussi la volupté qu'on trouve dans
l'exercice des douces vertus? Ses filles ne
marcheront-elles pas sur ses traces, comme
ses fils suivront celles de leur père? L'émulation des bonnes actions animera toujours
la respectable famille, et le tendre et bon
curé. La paix, l'aimable communication des
idées, le charme des projets utiles, le ravissant plaisir de voir des visages satisfaits,
le tableau des campagnes devenues plus fer-
tiles, le spectacle du bonheur dont ils seront entourés, les feront eux-mêmes jouir
de tout le bonheur qu'on peut goûter sur
la terre.

Mais ce n'est pas assez de répandre dans
les villages, des prêtres instruits et vertueux,
il faut qu'ils n'aient pas à lutter sans cesse

contre tous les besoins, qu'ils ne soient pas
forcés d'arracher une gerbe au malheureux
laboureur, qu'ils n'aillent plus ravir à la
veuve désespérée, le seul écu que lui laisse
l'époux qu'ils viennent d'enterrer, qu'ils ne
soient pas contraints par la pauvreté, de
subsister aux dépens même de la misère. Sans
doute le prêtre doit vivre aux dépens de l'autel,
mais non pas de la substance du pauvre.
Quelle autorité, quel poids auront ses paroles et ses conseils, quand, sous peine de
périr lui-même, il viendra, comme l'exac-
teur, enlever le pain d'une famille entière?
Il faut que le curé, qui prêche la charité,
puisse en donner l'exemple; que le malade,
l'orphelin trouvent chez lui des remèdes, de
la nourriture et des vêtemens. Sa volupté
doit être la bienfaisance. Eh! pourquoi serait-il dans l'impossibilité de l'exercer? Pourquoi même serait-il privé de tous les agrémens, de toutes les commodités de la vie?
Est-ce parce qu'il est chargé des fonctions
les plus pénibles et les plus intéressantes

du ministère , qu'il n'aura des biens de l'église qu'une part trop modique pour le mettre au-dessus des premiers besoins ? Cent écus , cinq cent francs , voilà la richesse d'une foule de prêtres auxquels il est commandé d'être charitables ; tandis qu'il leur est presque ordonné par la misère , d'implorer la charité ! en vain on le dissimule ; en vain on ferme ses yeux et son cœur ; cet abus est affreux ; il est destructeur pour les campagnes. Il faut y remédier ; peut-être rien n'est plus aisé.

Que les riches bénéficiers , sans charge d'ames , ne s'alarment pas. Je veux que les curés des campagnes soient dans l'abondance; mais je ne veux pas qu'on dépouille ceux qui jouissent, à moins qu'on y soit contraint par la nécessité. Alors , je l'avouerai , il me paraîtra qu'on doit préférer l'aisance des prêtres utiles dans les villages , à l'opulence extrême des prêtres qui coulent dans les villes, des jours qui ne semblent pas d'une bien grande utilité.

Sans augmenter le nombre des ecclésiastiques , je crois qu'il est possible , et même

K ij

très-important d'en placer deux dans chaque paroisse, et de faire jouir le curé de cent louis ou mille écus de rente, et le vicaire, de douze ou quinze cent francs. Dans le chapitre suivant, j'indiquerai les moyens de fournir à cette augmentation de dotation, et je finirai celui-ci en montrant les avantages d'un pareil établissement.

En donnant aux curés une plus grande aisance, on leur donnera une plus grande considération ; et cet état, respectable et saint, ne sera plus autant dédaigné. Au lieu de laisser leurs enfans s'engloutir dans les cloîtres, ou surcharger les familles de leur inutilité, les bourgeois, les magistrats des petites villes, les pauvres gentilshommes même, verront avec joie des places, où leurs fils pourront obtenir l'estime et le respect de leurs concitoyens, en jouissant d'une fortune honnête, et en pratiquant les vertus, dont la simple nature, non-corrompue, inspire l'amour, et qu'exige la loi de Jesus, qui n'est que la loi naturelle, écrite et fixée.

Les paysans , conduits par des hommes d'une classe supérieure à la leur , auront plus de vénération pour eux , écouteront leurs leçons , suivront leurs conseils avec plus de confiance et de docilité.

Quatre mille cinq cent livres sagement dépensées dans une paroisse , par deux prêtres religieux et charitables , en éloigneront la misère , feront acquérir plus de valeur aux productions du sol , et par conséquent donneront à la culture plus d'activité. Le casuel détruit , les cultivateurs seront délivrés d'une contribution accablante ; car tout le devient pour ceux qui craignent sans cesse de voir l'absolu nécessaire leur échapper. L'amour, le tendre amour , les conduira dans les temples , quand ils n'auront que l'offrande d'un cœur pur à y présenter. Les exhortations pacifiques et touchantes de leurs pasteurs , se graveront dans leurs ames, lorsqu'ils n'auront d'autres rapports avec lui que ceux de l'instruction , des bienfaits et de la reconnaissance.

En établissant deux Prêtres dans chaque paroisse, on préservera celui qui serait resté seul, des dangers d'une trop grande solitude. S. Jérôme, dans un affreux désert, seulement nourri d'herbes insipides, désaltéré par l'eau d'une fontaine, ne dormant que sur des feuillages desséchés, retrouvait encore, dans l'antre d'un rocher, son imagination, qui rassemblait autour de lui les fantômes de la volupté. Tous les prêtres n'ont pas sa force et son courage ; et quelques uns, tourmentés par des fantômes, cèdent quelquefois à des objets réels et animés ; au lieu qu'avec moins de peine ils triompheront, et d'eux-mêmes et de ces objets ; s'ils peuvent par des conversations agréables ou intéressantes, trouver des distractions nécessaires, et faire prendre un cours différent à leurs idées.

Un autre avantage, et peut-être plus important aux yeux de l'administration civile, que produira la réunion de deux ecclésiastiques dans chaque paroisse ; c'est qu'ils s'animeront l'un et l'autre dans le désir de faire le bien. Notre expérience nous l'apprend : à moins d'une vertu bien peu commune, nous avons besoin pour nous soutenir dans l'exercice continuel des bonnes actions, de coopérateurs, de témoins et d'émules.

CHAPITRE XII.

Des Collégiales, des biens des Jésuites, des Grammontins, des Célestins, etc.

GARDONS-NOUS d'enlever des prêtres aux autels ; mais ne craignons pas , quand ils sont trop nombreux dans les villes , quand ils y courent évidemment le risque de tomber dans le relâchement et la dissipation , de les transporter dans ces temples rustiques , où leurs vœux moins distraits et plus purs , perceront plus aisément les cieux. Les chanoines, si multipliés dans la France , en se rassemblant plusieurs fois chaque jour pour prier en commun , remplissent , sans doute, une fonction très - sainte ; mais ne pourraient - ils pas la rendre plus sainte encore , en devenant eux-mêmes plus utiles ? Offrons-leur en les moyens, et comptons assez sur leur vertu, pour croire que loin de s'opposer à des vues patriotiques et chrétiennes , ils les perfectionneront eux - mêmes ; qu'ils étendront, éclaireront notre plan, et ne craindront pas de faire le sacrifice d'un état honorable et doux, pour prendre l'état de pasteurs des peuples, plus honorable et plus doux encore. En se transportant dans les campagnes, ils passeront d'une vie seulement partagée entre l'oraison et le repos, à une vie dans laquelle succéderont à la prière tous les exercices de la charité. L'étude, les occupations champêtres, si douces quand on sait les goûter, la société du seigneur et de sa famille, celle du collègue, que leur donnera chaque cure, celle des ecclésiastiques et des honnêtes gens du voisinage, leur offriront des délassemens aimables et purs ; enfin, leurs jours partagés entre les occupations les plus intéressantes et les plaisirs innocens, simples et vrais, couleront dans la paix et le bonheur. En quittant les villes, leurs revenus les suivront dans les campagnes ; et ce ne sera que lorsqu'ils seront à peu près éteints, qu'on fera la répartition de leurs biens, selon le plan que je propose. Je vais essayer de présenter les moyens d'en rendre l'exécution non - seulement possible, mais très-aisée.

La France est divisée en dix-neuf provinces ecclésiastiques, en y comprenant les évêchés suffragans de Trèves. Prenons une de ces provinces ; celle de Paris, par exemple, pour faire l'application de nos vues. Je ne la choisis pas, parce qu'elle offre plus de ressources que les autres ; mais parce que ses ressources surabondantes peuvent être portées dans les provinces qui n'en ont pas de suffisantes.

La province de Paris est composée de Paris même, des évêchés de Chartres, de Meaux, de Blois et d'Orléans : elle contient à peu près 1924 paroisses, et l'on y compte 41 collégiales. Nous pouvons réduire le nombre des paroisses à 1700, parce que celles des villes n'entrent pas dans notre plan, et que plusieurs de celles des campagnes ont déja deux prêtres, comme nous le demandons.

Supposons que chacune des collégiales ait trente mille livres de rente ; supposition qui ne paraîtra pas forcée. En réunissant leurs revenus, nous trouverons un produit d'un million deux cent trente mille livres. Estimons six millions en capital , la valeur des emplacemens qui seront abandonnés par les chanoines de Paris ; estimation qui n'est certainement pas exagérée , et nous aurons trois cent mille livres de rente encore : il nous reste les emplacemens des chanoines de la province , qui doivent au moins rapporter quarante mille francs par an. Ainsi voilà un million cinq cent soixante-dix mille livres de revenu , qu'on peut déja employer à augmenter la dotation des curés , et à former celle des vicaires. A cette somme, qu'on joigne encore celles que doivent produire les biens des jésuites , ceux des grammontins , des célestins et des maisons religieuses , soit de l'ordre de saint Benoît , soit de celui de saint Bernard, qui sont trop peu nombreuses pour que la règle y puisse être observée ; et l'on verra que les moyens, loin de manquer, dans la province de Paris, peuvent fournir des secours aux autres provinces.

Dans la tâche que je me suis imposée, mon devoir est de présenter autant d'idées utiles que je le pourrai ; c'est à l'administration qu'il appartient de les examiner, de les développer, de les modifier et de les réaliser, si elle les juge aussi favorables au bonheur des peuples, qu'elles me le paraissent. J'avoue que cet objet me semble assez important pour que le gouvernement s'en occupe. C'est le bonheur de la France, c'est la régénération de ses mœurs que je crois lui proposer. Mes vues sont peut-être faibles, mes spéculations peu justes ; mais elles ont un trop grand intérêt, pour ne pas arrêter ses regards, et pour qu'il ne cherche pas à féconder un germe d'où la félicité générale peut éclore.

Cependant il se présente quelques objections qu'on ne doit pas dissimuler, mais chercher à résoudre.

Les curés plus riches, les vicaires avec

plus d'aisance, ne dépendant plus de leurs paroissiens, ne seront-ils pas tentés de négliger leurs devoirs, pour se livrer à la dissipation ? Plus rapprochés par leur fortune, et par la communication des seigneurs et des riches qui auront quitté les villes pour habiter les campagnes, conserveront-ils autant de respect pour leurs évêques, et resteront-ils dans cette subordination, indispensable à toute hiérarchie ! Leur zèle ne s'éteindra-t-il pas ? ne perdront-ils point cette simplicité de mœurs et de foi, si nécessaires pour guider dans la route du bonheur et de la vertu, les habitans des campagnes ?

Non ; la bonne éducation qui prépare l'homme à remplir dignement les fonctions de l'état qu'il embrassera, lui en fait respecter les devoirs, et lui inspire pour l'ordre le plus grand amour. D'ailleurs, cet ordre sera maintenu par une surveillance sage et toujours active. En demandant des évêques éclairés et vertueux, en exigeant que les séminaires soient non-seulement l'école de la doctrine, mais encore celle des devoirs et des mœurs, nous avons assuré aux campagnes de bons et de tendres pasteurs. L'augmentation de revenus qu'on leur accordera, en les faisant peut-être jouir un peu davantage des commodités de la vie, les empêchera d'être sans cesse tourmentés par l'inquiétude de pourvoir aux plus pressans besoins. Si les richesses amollissent les ressorts de l'ame et ne laissent un puissant attrait qu'aux jouissances des sens, la misère endurcit, éteint la pitié, détruit le sentiment. La médiocrité, qui ne permet pas de satisfaire tous les désirs, les empêche de naître, ou du moins les modère. Trop au-dessous de la richesse pour favoriser la volupté, elle est trop au-dessus de la misère, pour étouffer la charité. D'ailleurs, l'exemple, ce puissant maître de l'homme, ne donne-t-il pas aux curés l'émulation et l'habitude des bonnes actions ?

C'est par abus qu'ils se sont donné le droit de résigner leurs bénéfices ; mais cet abus, pour être ancien, n'en est pas plus respectable. Il faut le détruire, parce qu'il s'oppose à la sagesse des choix, qu'il est si important d'établir. Il faut que la nomination aux bénéfices à charges d'ames, qui a plus d'inconvéniens encore, appartienne, autant qu'il sera possible, exclusivement, aux évêques et aux concours (1).

On doit cependant pourvoir à la subsistance, à l'entretien, et même à l'aisance de ces anciens curés, qui, après avoir vieilli dans leurs vénérables fonctions, deviennent incapables de les remplir. Il est juste qu'un doux repos soit le prix d'un long et vertueux travail. Rien de plus facile que de le leur procurer, même en les faisant jouir des agrémens d'une société convenable.

Au centre de l'arrondissement de vingt-quatre paroisses, on peut former, pour quatre anciens curés ou vicaires, un établissement où ils seront logés, nourris et servis. Le bâtiment qu'ils occuperont sera simple et commode. Chaque prêtre aura une chambre et un cabinet ; ils auront en commun une salle à

manger , et une piece pour se rassembler. Ce
sera dans cette maison que se tiendront les
conférences , qui sont d'usage dans presque
tous les diocèses. Il paraît plus convenable
qu'elles se fassent sous leurs yeux , et qu'elles
soient dirigées par eux ; tenues alternative-
ment par tous les curés , elles leur causent de
l'embarras , de la dépense , et quelquefois des
désagrémens (2). Mais comme ces assemblées
deviendraient trop nombreuses si tous les prêtres s'y trouvaient à la fois , on pourra régler qu'il y aura quatre conférences par mois ,
auxquelles tous les ecclésiastiques du canton
seront tenus d'assister tour-à-tour. En répandant de la variété sur la vie des anciens pasteurs , ces conférences seront des espèces de
fêtes pour eux. Embellir les derniers jours
des sages , est l'un des plus touchans devoirs
de l'humanité.

L'entretien de ces maisons de retraite sera
à la charge des curés et des vicaires en
exercice. Les premiers donneront cinquante
écus par an , et les autres cinquante livres.

Mais

Mais comme quatre mille huit cent livres de revenu ne suffiraient pas pour la dépense des conférences, chaque ecclésiastique donnera quatre francs pour les frais du dîner, lorsque son tour sera venu d'y aller. Les évêques feront des réglemens pour ces assemblées, qui ne pourront être que décentes et utiles, présidées par de respectables vieillards.

Il ne faut pas se dissimuler toutes les contradictions qu'éprouvera ce plan. Je sais que l'exécution ne peut en être très-prompte; mais cela n'empêche pas de l'adopter sans délai, et qu'on le fixe invariablement. Quelle grande opération ne se fait pas avec lenteur? Mais c'est à la race présente à préparer le bonheur des races à venir. Si nos pères n'avaient vu que le court moment de leur existence, nous disputerions encore les fruits sauvages aux animaux des forêts. Au reste, les contradictions et les oppositions seront peut-être moins fortes, et sur-tout moins durables qu'on ne pense. La voix de la raison triomphe bientôt, quand elle est soutenue par la volonté ferme du législateur.

Sans forcer les chanoines à renoncer à leur état, s'ils s'obstinaient à ne pas vouloir l'abandonner, on peut les laisser s'éteindre ; et à mesure que leurs places vaqueront, en appliquer les revenus à la dotation des curés, à commencer par les plus pauvres.

La dernière objection qui se présente, c'est la destination qu'on a peut-être faite des biens des religieux supprimés ; mais, si cette destination n'est pas la meilleure, il faut la changer. Au lieu d'enrichir les hopitaux, ne vaudrait-il pas mieux les empêcher de se remplir ? Nous verrons, dans un des chapitres suivans, que nous en trouverons les moyens, et qu'il se pourrait qu'aucun des habitans des campagnes ne vînt reclamer les secours des maisons de charité des villes ; qu'on peut même beaucoup soulager ces maisons, en prenant un parti simple et raisonnable ; celui de n'y recevoir aucun domestique. Est-il juste que les riches, dont le faste, le luxe et la molesse enlèvent à l'agriculture et aux armées les hommes les plus forts et les plus lestes, dont les passions et les exemples corrompent les enfans des honnêtes laboureurs, les abandonnent dans leurs maladies aux soins de la charité publique? Puisqu'ils jouissent de leurs services, c'est à eux, dans toutes les circonstances, à pourvoir à leurs besoins. Si la justice et l'humanité ne les en avertissent pas, c'est à la loi de les y contraindre (3).

Mais il est tems de revenir dans nos champs, et de reporter notre vue sur les moyens de rendre plus heureux ceux qui les habitent.

NOTES.

(1) L'expérience apprend que les prêtres qui emploient, pour avoir des bénéfices, la voie des préventions, des dévolus, etc. sont les moins dignes de les posséder, et ne les obtiendraient pas, s'ils attendaient qu'on récompensât le mérite.

(2) Presque toutes les institutions sont bonnes dans leur principe; mais la faiblesse humaine les fait bientôt dégénérer. Il était sage de rassembler quelquefois les cu-

rés, pour qu'ils s'entretinssent des objets relatifs à leur ministère, et pour les unir les uns aux autres, par les liens de la bienveillance et de l'amitié. Mais il est arrivé ce qui arrive toujours. A la modestie, à la sobriété qui régnaient dans les premières assemblées, ont succédé le luxe et la dissipation. Sous prétexte de faire des conférences, tous les prêtres d'un canton se rassemblent chaque mois, et passent un ou deux jours dans la bonne chère et le jeu.

(3) Un duc de la Rochefoucault ne gardait un domestique que dix ans. Il était nourri et vêtu, mais ne touchait qu'une très-petite partie de ses gages. Au bout de ce terme, il ne permettait plus au domestique de rester à son service ; mais il l'engageait à prendre un commerce ou une profession, dont ses gages accumulés faisaient les fonds. Cet exemple d'humanité et d'intérêt public réfléchi, était digne d'être cité. Il est plusieurs familles très-antiques : il n'en est peut-être qu'une où la pratique habituelle du bien soit *héréditaire*.

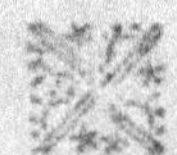

CHAPITRE XIII.

De l'Instruction.

Écoutez le langage du despotisme barbare, qui s'explique, non par la bouche des rois, mais par celle des esclaves oppresseurs et tyrans, qui, jaloux des prérogatives que que le hasard de la naissance et l'absurde régime féodal leur donnent, voudraient que les cultivateurs, ensévelis dans les ténèbres les plus épaisses de l'ignorance, ne s'élevassent pas au-dessus des animaux, compagnons de leurs peines. Instruire le peuple, disent-ils, c'est attirer ses regards sur les opérations du gouvernement, c'est lui apprendre à discerner ce qui est juste de ce qui ne l'est pas, c'est le rendre plus inquiet et moins soumis. Il est fait pour obéir et non pour connaître. Et ces seigneurs nouveaux, si fiers de leurs châteaux antiques, qui, à peine échappés des comptoirs ou des bureaux de leurs pères, viennent rétablir des droits excessifs, oubliés dès long-tems, et en supposer qui jamais n'existèrent, combien ne s'efforcent-ils pas d'étouffer les lumières que le peuple pourrait acquérir ? Et que deviendra la noblesse, s'écrient-ils, si les paysans savent lire ? Ils examineront nos prétentions, ils vérifieront nos titres, ils ne nous accorderont que ce qui nous est incontestablement dû, et nous ne serons plus les maîtres dans nos terres.

Peut-être est-ce un malheur de ne pouvoir envahir aisément le champ et la vigne du pauvre, pour agrandir son parc ; de voir un laboureur résister à l'ordre d'un garde qui lui commande de venir avec ses chevaux et ses voitures, construire ou réparer un chemin uniquement utile à *monseigneur* : mais s'ils ont une ame, ces seigneurs respectables, qu'au lieu de l'empire injuste de la force, ils établissent celui des bienfaits ; et qu'en inspirant l'amour, ils se consolent de ne plus inspirer la crainte.

La raison a des principes un peu différens.

Favorable à l'autorité légitime et nécessaire, elle en réprime les excès ; elle respecte la multitude qui doit travailler et obéir, et ne veut pas qu'elle soit opprimée par le petit nombre qui jouit et commande. Son but est le bonheur général, son soin est de le procurer à tous les hommes, tel qu'il doit être, relativement à chaque classe : mais dans les dernières, comment parviendraient-ils à être heureux, si on les privait de le devenir ? Ne faut-il pas qu'ils sachent quels sont leurs devoirs pour les remplir ? qu'ils connaissent leurs ressources pour en profiter ? Ne faut-il pas qu'ils acquièrent une industrie, qui, en facilitant leurs travaux, en augmentera le produit. Ainsi, l'instruction, mais une instruction exactement proportionnée à leur condition, est nécessaire, non - seulement pour eux, mais aussi pour la prospérité de l'Etat ; elle doit être simple, facile, religieuse, et avoir pour objet tout ce qui est relatif à la vie champêtre.

Qu'on leur apprenne à connaître, à aimer,

à craindre un Dieu juste, puissant et bon;
Qu'on éloigne d'eux la superstition absurde;
mais en les pénétrant de l'esprit d'une religion dont les menaces sont si terribles pour
les riches pervers, et qui fait des promesses
si magnifiques aux pauvres résignés et patiens.
Dans la peine, dans la souffrance, dans l'abandon, ils se souviendront qu'ils ont leur Dieu
pour père; ils leveront leurs yeux au ciel,
et le courage et la consolation ranimeront
leurs cœurs.

Dans les pays protestans, les habitans de
la campagne savent presque entièrement les
saintes écritures par cœur; et l'on remarque
qu'ils sont beaucoup plus doux, plus industrieux que dans les pays catholiques : la bible
leur offre continuellement des modèles et des
exemples. Chaque événement leur rappelle
quelqu'une de ses maximes qui les ramene
à la soumission, ou les anime à reconnaissance. Pourquoi nos prêtres ne font-ils
pas mieux connaître, ne font-ils pas mieux
aimer ce livre consolant à leurs paroissiens?

Au lieu de prolonger par un chant discordant et barbare des vêpres auxquelles le peuple n'entend rien, ne serait-il pas plus utile de lui lire quelques chapitres de l'écriture, et de lui en faire une courte explication? Quelle morale touchante et fructueuse n'en tirerait-on pas? Les cultivateurs devenus capables de concevoir et de chérir cette morale simple, sublime et tendre, le seraient bientôt d'acquérir des idées plus étendues sur l'agriculture et sur les arts qui concourent à la faire prospérer. Les arts les plus frivoles ont des maîtres qui les enseignent; et les travaux des champs ne sont dirigés que par la routine, l'ignorance et les préjugés les plus grossiers! Serait-il bien difficile d'établir des écoles dans les divers cantons, où quelques jeunes gens des campagnes viendraient prendre l'instruction nécessaire sur la manière de les mieux cultiver? Dans ces écoles, confiées à des hommes sages, et surveillées par des inspecteurs dont on serait sûr, leurs mœurs seraient préservées, et ils reporteraient dans

leurs villages, avec leur simplicité, la connaissance des moyens de les enrichir et de
les faire prospérer ; ils y prendraient des
notions justes sur les arts mécaniques les
plus employés dans les campagnes, acquerraient des idées sur le commerce qui leur
est propre, s'instruiraient des élémens de la
science vétérinaire, et apprendraient des métiers faciles, qui les occuperaient pendant le
tems où les pluies, les neiges, les glaces ne
ne leur permettraient pas les travaux des
champs ; enfin ils se rendraient capables de
profiter des leçons qu'ils trouveraient dans
des ouvrages simples, clairs et faciles sur
l'économie rurale.

Toutes simples qu'elles sont, je prévois beaucoup d'objections contre les vues que je propose ; je connais même assez mon pays, pour deviner une partie des excellentes plaisanteries
dont elles seront honorées. Elles ne me déconcerteront pas ; et sans dire, comme Thémistocle,
Frappe, mais écoute, je dirai : *Ris, mais
examine*. Qu'on daigne donc parcourir les

livres qui nous apprennent à mieux connaître la Suède, la Suisse, la Hollande et l'Angleterre ; et l'on verra que les paysans Suédois, Anglais, Suisses et Hollandais, dirigent leurs travaux, non par une habitude stupide, mais par des lumières acquises, par l'esprit de méthode et par une expérience éclairée. Ce qu'ils font, ce n'est pas comme en France, parce que c'est la coutume de le faire, mais parce que la raison leur dit que c'est ce qu'ils peuvent faire de mieux.

Je ne demande pas qu'on se laisse entraîner par les raisonnemens ; je ne l'obtiendrais pas. Les bons écrits, moins rares en France qu'ailleurs, y restent presque toujours sans effet ; mais, du moins, je voudrais qu'on s'y soumît à l'autorité de l'exemple ; et, ne fût-ce que pour l'avantage des autres ordres, qu'on employât tous les moyens d'élever les paysans Français au dégré d'intelligence où sont parvenus ceux des autres nations. Certainement ils ne seraient pas plus dangereux, si au lieu d'aller s'appauvrir et s'abrutir en

core davantage dans les cabarets, ils pas-
saient les soirées des jours de fêtes à lire
quelques pages de la bible ou de quelques
bons écrits sur la manière de perfectionner
les travaux champêtres ; et si, pendant les
rigoureuses journées des hivers, ils s'arrachaient à l'inaction et à l'ennui, en s'occupant à quelque métier utile et facile, qui,
en donnant plus de mouvement et d'intérêt
à leur vie, la rendrait aussi moins stupide
et moins infortunée.

Ne serait-il pas digne de la bonté des
bourgeois les plus honnêtes et les plus sensibles, qui, riches de leurs possessions champêtres, n'ont d'autres occupations civiles,
que celle de donner plus de valeur à leurs
biens, d'être les guides des paysans, de les
éclairer par leurs leçons, de les animer par
leurs exemples ? Je voudrais qu'ils fissent un
journal de leurs expériences, qu'ils indiquas-
sent soigneusement les bons et les mauvais
effets de leurs essais ; et qu'après quelques
années, ils écrivissent exactement le résultat

de leurs travaux, qu'ils en détaillassent clairement les procédés, qu'ils en fissent connaître les plus simples, les plus avantageux et les plus faciles à suivre, et qu'ils déposassent cet utile ouvrage dans une bibliothéque, dont l'un des prêtres de la paroisse, ou le maître d'école, serait gardien. Cette bibliothéque peu nombreuse, serait composée des meilleurs écrits relatifs à l'économie rurale ; de quelques ouvrages de morale mise à la portée des cultivateurs, et de quelques recueils d'histoire et d'anecdotes assez intéressantes pour les attacher, les consoler, et leur donner le désir de suivre les bons exemples ; elle serait formée et entretenue par les soins des seigneurs et des curés. Ces derniers ne refuseraient pas de guider les cultivateurs dans leurs lectures et d'élever leur intelligence par des leçons assez simples et assez claires pour devenir très-aisées à saisir.

En s'attachant à détruire cette honteuse ignorance, ces absurdes préjugés qui semblent faire, des habitans de la campagne, une classe

au - dessous de l'humanité, pourrait - on négliger de former aussi la raison de leurs com-
pagnes, de les rendre plus industrieuses et
plus capables de mêler quelques douceurs aux
peines, aux fatigues, aux craintes de leur
laborieuse vie? C'est des mères de famille que
dépendent le repos et le bonheur des ménages, sur-tout dans le peuple. Le père seul
ne peut rien; il a besoin d'être secondé. Il
faut pendant qu'il trempe la terre de ses sueurs,
que son épouse prépare sa nourriture, soigne
ses enfans; que, toujours active, elle fasse
tout fructifier autour d'elle; et qu'enfin, le
bonheur de la retrouver, le plaisir de l'applaudir, soient la plus douce récompense pour
son époux.

Il serait aisé de former un assez grand
nombre de sujets capables d'élever les enfans dans les villages. On pourrait établir
dans tous les diocèses, une congrégation
d'hommes destinés à répandre l'instruction
dans les campagnes. Il faudrait que chacun
d'eux sût un métier, que non - seulement il

exercerait lui-même, mais qu'il enseigne-
rait à ceux de ses élèves qui voudraient l'apprendre. On aurait soin d'envoyer dans chaque paroisse, le maître qui saurait le métier le plus utile au lieu qu'il habiterait ; par
exemple, dans les pays de vignoble, on pla-
cerait des tonneliers ; des tisserands dans ceux
où le chanvre et le lin sont abondans ; des
jardiniers dans les villages où la douceur du
climat favorise la culture des arbres ; des hor-
logers, des tourneurs sur les monts où les
hivers prolongés forcent à se tenir long-tems
renfermé, etc.

Pour l'éducation des filles, il serait également facile de former une congrégation de
veuves, qui, guidées par l'esprit de piété,
trouveraient la plus pure satisfaction à répandre l'industrie et à former des enfans de
leur sexe dans les principes de la sagesse.

Mais les fonds pour payer, entretenir tous
ces instituteurs, où les trouver ? Les fonda-
teurs des divers établissemens religieux ont
voulu assurer aux pauvres des aumônes abon-

dantes, procurer à tous les chrétiens, des leçons, des conseils, des exemples. C'est le plus grand bien qu'ils ont eu en vue : le produire, c'est entrer dans leur dessein. Combien de ces monastères enrichis par la sagesse des vertueux cénobites, sont à la veille d'être abandonnés faute de sujets ! Combien de couvens de l'un et de l'autre sexe sont déjà presque déserts ! Eh bien, sur les débris du monachisme prêt à s'éteindre, multiplions des écoles pour la vertu. Quand une maison religieuse, soit d'hommes, soit de filles, ne subsistera plus, qu'on emploie ses revenus à doter les hommes sages qui se consacreront à l'éducation des enfans du peuple, et les femmes sensées et pieuses qui donneront aux filles des habitans de la campagne des mœurs et des vertus, avec le goût et l'intelligence des occupations utiles (1).

Mais l'instruction la plus importante pour les villages, est celle de l'exemple. C'est surtout aux pasteurs, aux riches et aux seigneurs à la donner. Les premiers en savent

les

les moyens ; les autres les ignorent quelquefois, et trop souvent les négligent. Si dans
leurs châteaux ils ne se livrent pas eux-mêmes à la licence, du moins ils la tolèrent
parmi ces domestiques nombreux, qui, tout
souillés de la corruption des villes, viennent
en apporter tous les désordres dans les hameaux ; ils ne s'y arrachent à la fainéantise,
que pour se livrer à la débauche. Le chef
de famille désolé, voit bientôt le crime, la
haine, la honte et les larmes s'introduire dans
sa maison, où régnaient l'innocence, l'amour
du travail et la paix. Il gémit avec sa vieille
épouse sur les désordres de sa bru, sur les
égaremens de sa fille et sur les malheurs de
son fils. Cet infortuné fils est trompé, trahi,
deshonoré par la femme que la sagesse et
l'amour lui avaient fait préférer. Le mariage,
cet état si doux, si consolant pour deux
époux unis, le mariage, dont les nœuds étaient
encore respectés dans les campagnes, y devient, comme dans les villes, la source des
larmes et du désespoir ; quelquefois même,

M

ô comble de l'horreur ! les maladies les plus
honteuses et les plus affreuses en sont les dé-
testables fruits. Une femme empoisonnée par
un vil libertin, à son tour empoisonne son
époux. Souvent ignorant la cause de leurs
maux, ou retenus par un reste de pudeur
mal-entendue, ils n'osent se guérir, vivent
quelques années dans les souffrances, et périssent enfin, laissant après eux des enfans
victimes innocentes du crime.

Tout est ravi aux infortunés cultivateurs.
Faut-il encore que des colonies de valets
vicieux se répandent dans les champs, et
viennent leur enlever la consolation d'avoir
des épouses fidelles, et des mères tendres et
sages ? O riches ! arrêtez ce désordre abomi-
nable ; ne souffrez pas que votre présence
soit plus funeste aux hameaux, que tous les
fléaux réunis ne pourraient l'être ; diminuez
le nombre de vos domestiques inutiles, occupez ceux que vous conserverez ; faites régner les mœurs parmi eux ; que le saint joug de
la religion les retienne ; que votre fermeté

à punir le crime les épouvante ; que votre attention à récompenser la sagesse les encourage ; et que jamais il ne sorte de vos maisons que des exemples, des consolations et des secours. Faites - en l'asyle des douces vertus, pour y trouver celui de la paix et du bonheur (1).

NOTES.

(1) On verra dans le chapitre suivant, que la congrégation des veuves dont on demande dans celui-ci l'établissement, ne doit exister que dans le cas où l'on ne préférerait pas de placer, dans chaque paroisse, deux sœurs de la charité.

(2) Si M. de la Madeleine n'avait pas écrit un très-bon livre sur l'éducation du peuple, j'aurais donné une suite à ce chapitre ; mais j'aime mieux, quoique mes idées diffèrent souvent des siennes, renvoyer à son ouvrage que de répéter ou d'affaiblir ce qu'il a dit. Cet ouvrage, est celui d'un homme de beaucoup d'esprit, qui peut-être en a été prodigue en traitant un sujet qui demandait plus de solidité, d'observation et de raisonnement que d'éclat.

CHAPITRE XIV.

Des Secours.

LA sensibilité n'est point éteinte dans le cœur des humains. Du sein même de la dissipation, du luxe et de la licence, la voix de la pitié se fait encore entendre. Au milieu de la jouissance, les riches s'attendrissent, ils consacrent quelques sommes au soulagement des infortunés, et quand ils voyent s'approcher la mort, effrayés des désordres de leur vie, la terreur et le repentir les forcent à payer les prières de la pauvreté. Mais ces secours, qui seraient suffisans s'ils étaient bien ménagés, sont recueillis par des malheureux qui, dans les villes, étalent le tableau pénible, et souvent imposteur, de la misère ; tandis que les villageois, qui n'ont d'autres biens que l'emploi de leurs forces, sont obligés, quand la maladie les surprend, quand l'âge les affaiblit, de languir ignorés, et souvent de périr faute de ressources. Où pourraient-ils en trouver dans l'oubli où ils restent? Ils viendront dans les villes se joindre aux mendians accrédités, à qui les portes des temples appartiennent, et qui se sont fait des droits sur les restes des valets des maisons opulentes! Quand la honte et l'embarras de paraître loin de leurs chaumières ne les retiendraient pas, ils seraient repoussés par les pauvres des cités, qui ne souffriraient point qu'ils partageassent avec eux le pain de l'aumône; sans protection, ils ne pénétreront pas même dans les hôpitaux qu'ils craignent, parce que, sans être sûrs des soins d'une tendre commisération, ils sont certains qu'ils ne seront pas plaints et consolés. D'ailleurs, dans combien de circonstances le transport des malades n'est-il pas dangereux ou même impossible, et combien de campagnes sont trop éloignées des villes, pour profiter des établissemens que l'humanité et la religion y ont formés? Aussi, combien d'hommes périssent dans les villages, faute de soins, de remèdes et d'ali-

mens convenables ? Si l'administration pense
à eux, ce n'est que dans ces momens épou-
vantables où les épidémies font des ravages.
Alors des médecins pensionnés arrivent ; mais
la maladie a fait déja tous ses progrès, et
n'a presque plus de victimes à s'immoler.
Manquant des drogues nécessaires, ne sachant
comment procurer aux malades une nourriture saine et suffisante, et ne pouvant les tirer de la mal - propreté, qui souvent a été
le principe, et qui toujours entretient leurs
maux, ces médecins, pourvus de tous les
moyens propres à faire cesser la contagion,
ne lui opposent que des palliatifs incertains
et un zèle impuissant.

Que les anciens Romains, peut - être plus
dirigés par l'intérêt qu'attendris par la pitié,
se conduisaient avec une raison bien supérieure à celle des nations modernes ! Leurs
champs n'étaient cultivés que par des esclaves ;
mais dans ces esclaves ils voyaient leurs nour-
riciers, et tous les villages avaient des hos-
pices pour les malades. Alors les laboureurs

n'étaient pas libres ; et cependant, moins
malheureux dans la servitude que nos paysans
dans leur fausse liberté , ils n'étaient pas
tourmentés par la crainte de périr de misère,
et n'avaient pas la douleur de se voir dans
le mépris et l'abandon. N'enchaînons pas les
hommes pour les arracher à leurs craintes et
à leurs peines ; mais que le gouvernement qui
tire sa force et sa richesse des campagnes,
s'occupe , pour son propre intérêt, des moyens
d'y porter l'aisance et la sécurité. Prévoir ,
éclairer, secourir, voilà ses devoirs : recueillir,
prospérer , s'éterniser , voilà sa récompense.
Ce n'est pas principalement des fleurs de l'arbre qu'il doit s'occuper : elles le décorent ;
mais ce sont des racines que s'élancent les
rameaux vigoureux chargés de feuilles et de
fruits.

Tout bien est possible , quand l'attention
est grande et la volonté forte. Je vais demander beaucoup pour le peuple ; mais il rendra
le centuple aux rois , s'ils daignent ordonner
un meilleur emploi des richesses infécondes.

M iv

Ce dont il a le plus besoin, c'est de surveillans qui le guident, et d'amis qui le consolent. Nous y avons déjà pourvu en proposant
de placer dans chaque paroisse deux prêtres,
qui joignent aux vertus de leur état les lumières nécessaires pour diriger les travaux champêtres, et la charité qui répare, au moins
en partie, les pertes qu'amènent mille causes
impossibles à détourner.

A ces deux pasteurs, joignons un homme
digne de leur être associé, un religieux de
cet ordre le plus respectable, le plus saint
de tous, puisqu'il a pour principe une charité aussi vive que tendre, et dont le défaut
unique est de ne pas être assez étendu. Ah !
propageons-le au point que chaque village
en obtienne les bienfaits ; mais fondons cet
établissement sur une base inébranlable.

Paris, Grénoble, Nancy, Niort, sont, je
crois, les seules villes du royaume où les frères de la charité aient des maisons. Ces villes
savent combien sont utiles ces hommes éclairés et compatissans ; et l'on sent combien

ils peuvent l'être encore davantage, en se répandant sur toute la surface de la France. Qu'on ne s'effraie pas de la dépense que mon projet peut entraîner; j'indiquerai des moyens surabondans pour y fournir.

Je demande qu'à l'instar des maisons qui existent, on forme dans chaque ville épiscopale, une maison de frères de la charité, qui joindront à l'exercice de vertus auxquelles ils se sont consacrés, le mérite de former la quantité de sujets nécessaires, pour que chaque paroisse jouisse de l'avantage de posséder un de ces religieux. Dans toutes seront des cours de chirurgie, de médecine élémentaire, de l'art vétérinaire, et même un enseignement particulier pour les accouchemens, où chaque femme qui voudra devenir accoucheuse dans les villages, sera obligée de s'instruire.

(1). Les religieux, épars dans les campagnes, seront immédiatement soumis aux supérieurs des maisons où ils auront fait leur noviciat, qui seront les maîtres de faire les changemens qu'ils jugeront convenables; le chapi-

tre pourra même renvoyer les sujets qui,
par des fautes graves et répétées, mettraient
dans la nécessité de les rejetter. Au reste,
l'esprit qui regne dans cet ordre respectable,
les lumières des évêques, et les vues approfondies des magistrats, produiront les meilleurs réglemens qu'on puisse attendre pour
l'établissement le plus important que la nation ait à désirer.

Ne nous arrêtons pas dans la route du bien.
Il est si doux, si consolant de la suivre, que
la paresse, l'inertie, et la frivolité peuvent
seuls la négliger. Nous avons d'excellens modèles de toutes les bonnes institutions. Ils
sont rares ; mais on doit les adopter et les
imiter par-tout où ils peuvent se répandre.
Déja sous divers noms, et toutes dans le
même objet, sont établies des associations
des vertueuses filles qui se consacrent au service des pauvres. Pourquoi ne pas les réunir
sous une même règle, et ne pas leur faire
adopter à toutes le régime si sage des filles
de S. Lazare ? Sous la conduite des frères de

la charité, auxquels on pourrait joindre les lazaristes, dont les vues sont rapprochées des leurs, elles deviendraient, s'il est possible, plus utiles encore, parce qu'elles seraient plus instruites, et que toutes les œuvres de charité seraient faites sur le même plan : elles auraient aussi une maison dans chaque diocèse, sous la direction des frères de la charité, et surveillée encore par les évêques et par les magistrats ; elles y rempliraient les mêmes fonctions dont elles s'occupent à présent, et s'occuperaient sur-tout du soin important et sacré de former des cœurs propres à soigner les cultivateurs dans leurs maladies, et à donner à leurs filles une éducation chrétienne.

Je pense qu'il serait nécessaire d'établir dans chaque paroisse deux sœurs de la charité. La vertu, comme je l'ai déja remarqué, a besoin, pour se soutenir constamment, de l'exemple de la vertu. D'ailleurs, il serait bien difficile qu'une seule fille vouée au service des malades, et chargée encore d'instruire les enfans de son sexe, ne succombât pas bientôt sous le poids d'un travail excessif ; jamais secondée , l'impossibilité de tout faire la jetterait dans le découragement , et l'accoutumerait bientôt à négliger une partie des choses qu'elle pourrait faire (2).

Les idées de bienfaisance sont séduisantes. Quand on commence à s'y livrer , elles enchaînent les bienfaits de la veille , produisent ceux du jour, et en font naître pour le lendemain. Les seigneurs , les curés , les riches habitans , qui verront les secours se multiplier , se livreront à la noble émulation de les multiplier encore d'avantage. L'enfance sera soignée et surveillée dans les villages. Par une éducation convenable , on assurera les mœurs de toute la vie ; et par des occupations continues et proportionnées à la faiblesse , on la préparera aux travaux des hommes faits. Les garçons , et même les hommes mariés qui ne sont pas propriétaires , ne manqueront jamais d'ouvrage , et par conséquent des moyens de subsister. Qui empêchera même qu'on ne les engage à réserver une partie de leur salaire de chaque jour, et que des dépositaires aussi sages que fidèles, ne rassemblent enfin, du produit de leurs travaux, des sommes qui les fassent devenir propriétaires à leur tour ?

La vieillesse qui, dans toute association bien ordonnée, doit trouver des soins, des consolations, du respect et des secours, ne sera point abandonnée. Pour l'hiver de l'âge, faisons encore s'il se peut, germer quelques fleurs. Je voudrais que dans tous les villages on fît en faveur des vieillards, un établissement qui prolongerait la vie d'un grand nombre, et qui répandrait des charmes sur les derniers jours de tous. Combien en est-il que les excessives rigueurs du froid font périr dans des chaumières ouvertes à tous les vents ? Combien encore qui succombent sous le poids de l'ennui ? Eh bien, rassemblons chaque soir les Nestors champêtres dans un établissement destiné à cet usage : la construction n'en sera pas chere pour chaque communauté, et l'entretien n'en sera pas coûteux. Élevons au centre de chaque village une salle de forme ronde, au milieu de laquelle un fourneau sera placé : deux ou trois lampes l'éclaireront ; quelques tables, des chaises de bois ou de paille en seront tout l'ameublement. Les vieillards rassemblés béniront une institution qui leur épargnera des souffrances et leur procurera des plaisirs. Les femmes s'occuperont des ouvrages tranquilles de leur sexe, et des hommes affaiblis par les années, ne craindront pas de les partager. Là se teillera le chanvre, se dévidera le coton, se cardera la laine, etc.

Ces assemblées vénérables seront présidées par l'un des prêtres de la paroisse, ou par le frère de la charité, ou par l'une des sœurs, ou par le maître d'école, ou enfin par l'un des vieillards que les autres éliront chaque année, et qui sera nommé le prince des veillées. Cette place, qui flattera l'amour-propre, fera faire des efforts pour la mériter. Le président aura soin que le bon ordre se maintienne dans ces assemblées, que le bruit en soit banni, que la paix y règne toujours. Il pourra y faire lire quelques chapitres de la bible, la vie des hommes qui se sont sanctifiés dans l'exercice des travaux champêtres, quelques histoires étonnantes et merveilleuses ; enfin, tout ce qui pourra captiver l'attention par l'intérêt. Les assemblées s'ouvriront par une courte prière, et seront terminées par une autre, après laquelle chacun se retournera content d'avoir passé une douce soirée. Les enfans dont on aura été le plus satisfait dans les écoles, pourront quelquefois être admis parmi les vieillards : ce sera pour eux la plus flatteuse récompense et le plus fort motif d'émulation.

Si quelquefois aux veilles de certaines fêtes, le seigneur sensible, les tendres pasteurs, les riches habitans veulent jouir du plus doux des spectacles, ils feront porter dans la salle de la vieillesse, des gâteaux, des fruits, quelques bouteilles de vin, et ils jouiront du ravissant tableau de la joie, qui fera pres-

que disparaître les rides. Non, il n'est rien
de plus touchant dans la nature, que le
visage du vieillard, dont les traits sont ranimés par le sentiment du plaisir.

Si l'on essaie de réaliser ces idées, moins
approfondies qu'indiquées, combien d'idées
nouvelles et utiles ne feront-elles pas naître?
Elles ne s'offrent pas toutes à moi; je n'é-
cris pas même toutes celles qui se présentent.
Cet ouvrage, qui déjà passe beaucoup les
bornes où je croyais le renfermer, deviendrait, si je n'omettais rien, d'une étendue
immense, et les bons ouvrages sont moins
ceux où rien n'est omis, que ceux qui font
imaginer et mettre sur la voie de bien faire.

NOTES.

(1) C'est dans les petits états que se trouvent les
modèles des meilleurs établissemens. Le prince y voit tout
d'un coup-d'œil, et son propre intérêt le porte à tout
bien ordonner; aussi pensais-je que tout gouvernement
est bon, quand il n'agit que sur un espace très-borné.
La république romaine, qui n'eut presque pour limites
que les limites mêmes du monde connu, fut la désolation
de

de la terre, et nous voyons la province de Toscane jouir du sort le plus heureux sous les lois d'un souverain.

Boulogne, espèce de république sous l'empire des papes, est presque entièrement gouvernée par ses propres magistrats, qui toujours occupés et jamais surchargés, voient et exécutent tout le bien qui est possible. Ils ont fait, depuis quelques années, un établissement infiniment utile à l'humanité. Dans une des salles de l'académie, si connue sous le nom d'*institut*, sont placés des modèles de grandeur naturelle de toutes les façons dont l'enfant peut sortir de la matrice. Cette salle est uniquement destinée à l'instruction des sages-femmes, qui reçoivent gratis les leçons que leur donne un professeur en chirurgie. On y voit la figure en relief d'une femme sur un lit de couche, construite de manière qu'on peut y placer un des modèles. La sage-femme opère devant le professeur ; et ce n'est que lorsqu'il juge qu'elle sait son métier, qu'on lui permet de l'exercer. A combien d'infortunées on sauverait la vie ! Combien d'autres on empêcherait d'être estropiées, si chaque ville épiscopale avait un cours d'instruction pour les accoucheuses, et qu'on ne permît d'accoucher qu'à celles qui seraient reconnues en être capables !

(2) Par-tout où seraient établies les sœurs de la cha-

rité, il serait à désirer qu'elles eussent un dépôt de matelas, de draps, et de tous les linges nécessaires au service des malades, qu'on porterait chez ceux qui en auraient besoin. En traitant les malades dans leurs maisons, ils trouveront plus de soins et de consolations que dans les meilleurs hôpitaux, et les frais seront beaucoup moins considérables.

CHAPITRE XV.

Objections, Réponses, Moyens.

Depuis Platon jusqu'au bon abbé de Saint-Pierre, à M. de Chamousset, et au tendre et sublime Rousseau, ceux qui se sont abandonnés à leur sensibilité, et se sont occupés fortement du bonheur de l'humanité, ont été regardés comme des hommes plus ou moins éloquens, et toujours comme des hommes exaltés et chimériques. Cela n'est pas étonnant. Il est plus facile à la froideur, à la paresse et à la légèreté, de ne voir jamais que des chimères dans les spéculations de l'amour et de la vertu, que de les méditer, que d'adopter et de réaliser les vues des ames belles et profondes, que d'avoir sur-tout la volonté constante d'opérer le plus grand bien et de faire les sacrifices nécessaires pour le produire. Laissons aux esprits étroits et secs, la triste satisfaction de chercher et de croire découvrir des impossibilités dans tous les plans tracés pour parvenir à rendre meilleur le sort des humains, et répondons d'avance aux objections qui pourront être faites avec quelque apparence de fondement.

C'est, dira-t-on, lorsque tous les ordres religieux sont dans la plus grande disettte de sujets, qu'on propose d'en établir un nouveau, qui sera plus étendu lui seul, que plusieurs congrégations ensemble. Oui ; et c'est précisément parce que l'esprit du monachisme s'éteint, qu'il est plus aisé d'élever sur ses ruines une asssociation d'hommes libres, enflammés par le zèle de la religion et par l'humanité, qui se consacreront avec ardeur aux œuvres de la charité la plus tendre, sûrs de mériter leur propre estime, le respect de leurs concitoyens, et les regards de la divinité. Les hommes sensibles et non corrompus, sont enthousiastes ; tous sont imitateurs. Autrefois chaque cloître renfermait un peuple entier assujetti aux règles les plus austères.

Aujourd'hui que ces réglès sont si mitigées, que leur faible joug se fait à peine sentir, les plus vastes monastères ne comptent qu'un petit nombre de religieux. Ils seront bien moins nombreux encore, parce que, devenant absolument inutiles aux campagnes, par l'établissement de deux prêtres dans chaque paroisse, ils n'obtiendront plus les aumônes qui contribuaient abondamment à les faire subsister. Cependant ces couvens, peut-être beaucoup trop multipliés, offrent des sanctuaires à la piété, des asyles honorables à l'indigence, aux passions des ports tranquilles. S'ils sont détruits, combien d'hommes perdront leur unique ressource? Eh bien, on leur en présente de nouvelles, en leur offrant une existence plus certaine, plus respectée, puisqu'elle aura pour base la plus grande utilité. A mesure que les cloîtres seront abandonnés, l'affluence des sujets qui se présenteront aux frères de la charité, sera si grande, que le principal embarras sera de faire de bons choix.

N iij

Au premier coup-d'œil, la difficulté de
trouver un assez grand nombre de filles ou
de veuves capables de remplir les vénérables fonctions de sœurs de la charité, paraît
insurmontable ; mais, pour la détruire, il
ne faut que vouloir. Sous différens régimes,
les sœurs de la charité sont déjà répandues
dans presques tous les diocèses. En les rassemblant toutes dans une seule association ,
sous l'autorité des frères de la charité ,
bientôt elle se multiplieront autant que
le besoin l'exigera. Sorties pour la plupart
des familles du peuple , aux motifs de piété
qui les décideront , se joindra encore le motif,
peut-être trop humain , de s'élever à un état
qui leur donnera une considération qu'elles
ne pourraient avoir en restant confondues
parmi les filles de leur état. D'ailleurs , cette
sensibilité vive que la nature , pour notre
bonheur, a si sagement accordée aux femmes, leur fait trouver des charmes à servir
les malheureux. Les hôpitaux , confiés au sexe
le plus faible , le plus délicat , ne manquent

pas de sujets qui consacrent toute leur vie à l'humanité souffrante, tandis que les couvens trouvent à peine quelques vierges qui, dans la retraite, veuillent pour toujours se vouer au Seigneur.

Pour établir dans chaque paroisse un frère et deux sœurs de la charité, il faudra des bâtimens, des meubles, et au moins un petit magasin des drogues les plus nécessaires. — Oui, je veux même que les bâtimens soient solides et suffisans, que les meubles, extrêmement simples, soient commodes, et que les drogues soient excellentes. — Est-ce le roi, les provinces, ou les villages, que vous chargerez des frais considérables qu'entraîneront ces établissemens? Non; c'est en partie vous-même, critique, qui ne voyez jamais que des obstacles. Refuserez-vous quelques écus aux lieux où sont placés vos biens, quand on se proposera d'en faire l'emploi le plus utile? Les décimateurs, les seigneurs, les curés, les riches propriétaires, ne s'empresseront-ils pas de contribuer dans chaque paroisse à sa

prospérité ? Mais ce ne sont pas là toutes mes
ressources ; bientôt je vous les indiquerai. —
Une chose qui semble plus embarrassante,
c'est la maniere de faire subsister et d'entretenir cette foule d'hommes et de femmes secourables que vous multipliez si considérablement. — J'en ai déjà fait entrevoir le moyen.
C'est de faire une application nouvelle et
meilleure des fonds, que les circonstances,
un différent esprit et un autre ordre de choses
ont détourné et détourneront encore de leur
première destination.

Dévcloppons davantage cette idée. Les cor-
deliers, les récolets, les picpus, les augustins, les carmes, les dominicains, entrevoient
leur destruction prochaine, et conviennent
de l'impossibilité où ils sont de faire le service dans plusieurs de leurs maisons. Eh bien,
ces maisons qui deviennent désertes, pourquoi les conserver ? Si elles ne sont occupées
que par un, deux ou même trois religieux,
il est évident qu'ils ne peuvent plus mener
la vie régulière à laquelle ils se sont engagés,

et que tombant dans un relâchement inévitable, ils deviennent, comme l'expérience ne le prouve que trop, peut-être plus nuisibles par leur exemple, que leurs prédécesseurs n'ont été utiles dans les tems où leurs ordres étaient animés de la plus grande ferveur. Il est donc de la prudence du gouvernement et de la sagesse ecclésiastique, de rejetter ce petit nombre de moines solitaires, épars et presque indépendans, dans les couvens plus nombreux, où ils seront assujettis à une règle exacte et nécessaire. Les établissemens qu'ils laisseront vacans, seront vendus au profit des frères de la charité, partie argent comptant, partie en redevances, en denrées (1). Avec l'argent qui proviendra de ces ventes, se bâtiront successivement dans les villages, des maisons pour les frères et les sœurs de la charité ; et les rentes dont les fonds resteront chargés, augmenteront leur dotation.

On conviendra que voilà déjà l'une des principales difficultés applanie ; les autres ne tarderont pas à disparaître. Sans doute il faut

des fonds très - considérables pour faire subsister cette multitude de personnes des deux
sexes, que nous proposons d'employer au
service des campagnes. Elles doivent être bien
nourries, bien vêtues, et convenablement
logées. Il serait affreux de laisser souffrir
ceux qui se livrent au soin de soulager, d'a-
doucir les souffrances. Ce n'est pas trop de
huit ou neuf cents francs dans chaque paroisse, pour un frère et deux sœurs de la
charité ; mais ce revenu modique, avec la
ressource d'un jardin et celle du travail ma-
nuel des sœurs, peut leur suffire.

Par la suppression forcée de plusieurs couvens dans chaque diocèse, il est déja d'assez
grands moyens de former des établissemens
de charité complets dans beaucoup de villages, et sur-tout d'en former les maisons
principales dans les villes épiscopales. On sent
qu'il est absolument nécessaire qu'elles existent, et même qu'elles soient parvenues à un
état approchant de la perfection, pour que
les frères et les sœurs puissent se répandre

avec utilité dans les campagnes. Ce n'est que lorsqu'ils seront connus , éprouvés , instruits , qu'ils pourront véritablement servir. Le zèle de ces saints religieux , qui ne connaît point de bornes , ne trouvera rien d'impossible. Ils enverront de Paris , de Grenoble , de Nanci , de Niort , des sujets distingués , qui répandront l'esprit dont ils sont animés , propageront leurs vertus ; et feront jouir la France entière des secours qu'ils ne peuvent répandre que sur des espaces très-bornés.

Pour hâter les progrès de ces établissemens , les meilleurs chirurgiens , les plus habiles chimistes de chaque ville feront des cours , jusqu'à ce qu'ils ayent formé parmi les jeunes frères de la charité , des sujets capables de les remplacer. Bientôt cet ordre respectable verra s'échapper des autres ordres , une foule de novices qui viendront se jetter dans son sein. Quel est le jeune homme vraiment déterminé par un zèle religieux , qui ne préférera pas une vertu active et sécourable , à la vertu isolée et passive d'un

solitaire ? Malheur à celui qui seulement entraîné dans les cloîtres par le désir de couler des jours paresseux et inutiles , n'y cherche qu'une subsistance assurée et un lâche
repos ! Dans ces cloîtres mêmes élévés pour
servir d'asyle à l'innocence , pour être le sanctuaire des vertus , il se plongera dans des
vices que les occupations et les distractions
du monde lui auraient fait éviter ; il attirera
sur lui le mépris, et fera partager son opprobre à ses frères. De tous les états le plus
vil , c'est celui qui commença par faire respecter sa sagesse , admirer ses exemples , bénir
ses soins et ses travaux , et qui déchu de sa
première splendeur, tombe dans la mollesse,
la dissipation et le relâchement. Non , je ne
dirai pas : Détruisons tous les monastères de
Benoît, de Dominique, de François et de
Bernard ; mais je dirai : Faisons - y revivre
l'esprit de leurs saints instituteurs , qu'ils
soient comme ils doivent être, ou bien , qu'ils
soient anéantis. En vain , me répondront les
enfans de ces patriarches, qui ne les recon-

naîtraient pas : ce n'est point le régime austère de notre règle primitive que nous avons
embrassé ; s'il eût encore subsisté quand nous
avons prononcé nos sermens, nous ne l'au-
rions pas adopté. Qu'importe à la patrie
l'engagement que vous avez voulu prendre ?
Il lui faut des enfans utiles ; et ces biens
considérables que vous tenez en partie de la
libéralité de nos pères, ne vous ont pas été
donnés pour entretenir votre oisiveté ; ou
vivez comme ceux qui les ont reçus, ou
cessez d'exister.

Cette alternative est juste : il faut que les
religieux s'y soumettent, et alors je ne suis
pas embarrassé de leur choix. Je ne crains
pas que la réforme de la Trappe et de Sept-
fons s'étende ; mais je vois les couvens déserts, et sur leurs ruines s'élever la prospérité
des campagnes. Les biens des monastères
abandonnés, deviendront le patrimoine des
maisons de charité, et seront administrés par
des bureaux que composeront les hommes
les plus vertueux et les plus éclairés de cha-

que canton; mais comme il ne doit pas y
avoir de disproportion entre les revenus et les
besoins, il faudra que les provinces, où les
richesses laissées par les religieux seront surabondantes, en reversent une partie dans
celles qui auront moins de moyens. Cette
répartition sera facile à faire.

On voit les ressources immenses qui existent. Hésitera-t-on encore à faire usage
des innombrables moyens de donner à un
peuple malheureux plus de force, d'industrie, d'aisance, de bonheur et de vertu ?
Non, il est réservé à un monarque que l'amour
du bien enflamme, de régénérer son empire.
Les circonstances les plus favorables ont con-
couru pour lui : il le voudra, et bientôt le
souverain du peuple le plus fortuné, sera
le plus grand, le plus heureux des rois.

____

(1) Il est évident que les denrées sont les seules
richesses véritables. L'argent, qui n'en est que le signe,
perd de sa valeur à mesure qu'il devient plus abondant.
Il faut donc pour que le tems n'amène pas nécessairement la pauvreté, être riche des productions de la terre.

CHAPITRE XVI.

DES enfans trouvés, des orphelins et des enfans que leurs parens sont dans l'impuissance d'élever.

LA charité, cette passion des ames vertueuses et tendres, n'a pu voir, sans une douleur vive et profonde, les naissantes victimes de la faiblesse, de la misère et de la honte ; et dans la sollicitude, elle a tendu sa main secourable à des enfans qui ne semblaient naître que pour mourir, à l'instant même qu'ils recevaient le funeste présent de la vie.

C'est dans les villes que se trouvent les grands moyens, que les bonnes idées naissent plus communément, que l'enthousiasme du bien s'accroît et s'échauffe par la communication, que les établissemens se proposent et s'exécutent, et que l'humanité triomphe au milieu de la corruption et des vices.

De misérables enfans abandonnés dans l'obscurité des nuits, exposés dans les rues les moins fréquentées par des parens coupables ; mais moins barbares qu'infortunés, ont enfin été recueillis. De vastes asyles se sont élevés pour eux, d'abondantes aumônes ont assuré leur subsistance, et au lieu des mères qui les ont délaissés, la religion leur en a fait trouver à qui elle a donné les entrailles des mères véritables. Rendons hommage à cette institution religieuse et humaine, sur laquelle, sans doute, s'arrêtent avec complaisance les regards de la divinité ; mais en l'admirant avec attendrissement, ne craignons pas de dire, de répéter ce qu'on dit, ce qu'on écrit, ce qu'on répète depuis cent ans. Cette institution si belle, si touchante, est infiniment loin de la perfection et loin de remplir les espérances qu'on était en droit d'en attendre.

C'est, comme nous l'avons remarqué, dans les villes qu'elle devait se former ; mais on doit s'empresser de la transporter dans les campagnes. Les raisons en sont puissantes et sensibles.

sensibles. Pourquoi essayrions-nous de les offrir, quand l'éloquence elle-même, avec toute sa force, avec toute sa majesté, avec tout son empire, les a présentées ? C'est l'orateur de la religion, c'est l'orateur de la sensible humanité qu'il faut entendre. Ecoutez.

Pourriez-vous l'ignorer ? ces faibles enfans, trop nombreux, trop serrés, s'affament réciproquement, et se détruisent par leur multitude. Ils n'ont ni assez d'espace pour respirer un air libre et pur, ni assez d'alimens pour favoriser la nature dans son accroissement insensible, ni assez de force pour parvenir à la plénitude de la vie. Ils languissent, ils se consument, ils s'éteignent (*). Ce tableau, sans exagération, montre dans sa précision déchirante l'excès du mal et l'urgente nécessité du remède. Ne nous arrêtons donc

---

(*) L'abbé Poule. Exhortation faite à l'occasion d'une *Assemblée de charité* en faveur des enfans trouvés.

O

pas, pendant des siècles encore, au commen-
cement de la carrière ; ne nous contentons
pas du peu de bien qu'on a opéré, ne soyons
plus séduits par une bienfaisance illusoire,
marchons, courons enfin au bien véritable.
Arrachons des milliers de têtes à la mort,
assurons à la patrie un trésor toujours renais-
sant, préparons-lui des hommes en état de
la défendre et de la servir.

La pitié, la raison, l'économie même,
s'unissent pour solliciter le transport des enfans trouvés loin des villes. Les terreins qu'ils
y occupent sont assez précieux pour que leur
prix suffise à la dépense des établissemens
qu'on formerait pour eux dans les campagnes.

Dans les campagnes, leur nourriture plus
abondante et meilleure, serait moins chère.
Le bois, cet objet d'une absolue nécessité,
et dont le prix augmente tous les jours, coû-
terait la moitié moins ; et la santé, presque
inconnue dans leurs anciens asyles, viendrait
habiter les nouveaux, affranchirait des frais
qu'entraînent les maladies, et donnerait à l'en-

fance la vigueur nécessaire pour qu'elle s'oc-
cupât de travaux porportionnés à ses forces.

Au lieu de ces bâtimens, qui reçoivent
et augmentent l'insalubrité des villes, où
l'on entasse les malheureux enfans que des
parens, ou trop peu courageux ou trop infortunés ont abandonnés, et qui sont, hélas!
bien moins des asyles que des abymes, pourquoi sur les frontières de chaque province
n'éléverait-on pas quatre ou cinq maisons,
simples, riantes, commodes, où l'air libre,
les alimens sains, les eaux pures, la propreté, facile à entretenir, ranimeraient, ré-
généreraient de frêles corps, souvent viciés
avant que de sortir du sein de leur mère?
Ces intéressans dépôts, si dignes de la sollicitude des administrations provinciales, et de
la surveillance des évêques, seraient confiés
à ces filles respectables, que la religion attendrie a instituées pour donner de la sécurité aux riches bienfaisans sur l'emploi de
leurs dons, et des exemples, des consolations, des secours et des soins aux pauvres,

qui, trop souvent sans elles, périraient dénués de toute assistance.

On attacherait à chacune de ces maisons deux
de ces religieux , si justement nommés frères
de la charité (1) ; et ces établissemens seraient
dirigés par les curés et les municipalités des
lieux où ils seraient placés. Peut - être serait-il
essentiel que les cures de ces lieux fussent
administrées pas les enfans de ce saint (*),
que tous les hommes de toutes les sectes ,
s'accordent à canoniser (2).

Les enfans seraient élevés dans ces premiers asyles jusqu'à ce qu'ils eussent atteint
l'âge de sept ou huit ans. Dès les premiers jours
leur éducation phyſique y serait commencée ,
et dès qu'ils en seraient susceptibles, leur éducation morale s'y préparerait.

Passons de l'époque que forment les premières années de la vie à celle qui lui suc-
cède immédiatement. Celle - ci arrivée , on
transfererait les enfans dans des bâtimens des-

____

(*) S. Vincent de Paule.

tinés pour ce second âge, qu'on aurait eu soin de placer toujours à la campagne, dans les lieux les plus sains de chaque contrée. Deux édifices vastes et simples suffiraient dans chaque province, à moins qu'elle ne fut d'une très - grande étendue. L'un appartiendrait aux filles et l'autre serait occupé par les garçons.

Après avoir entouré les berceaux de mères soigneuses et tendres, c'est encore parmi les héroïnes de la charité que nous trouverons des institutrices pour l'adolescence. C'est à elles que doivent être confiées des filles dont l'éducation sera toute la richesse. Ces maî-tresses, à la fois si actives, si intéressantes et si respectables, formeront des femmes la-borieuses et sages, qui, par leur exemple, ap-prendront que quelque dénué qu'on soit de tous les autres avantages, les plus grandes res-sources restent encore, quand à l'amour du travail s'unit la pureté des mœurs (3).

Les maîtresses trouveront bientôt parmi leurs élèves des coopératrices dignes de leur être associées. Le malheur de leur naissance ne

les empêchera pas de rendre à leur tour les
soins touchans qu'elles auront reçus. Qu'elle
origine plus belle que la leur quand on les
aura rendues les filles de la vertu ?

Quelque intéressante que soit l'éducation
de ces filles, nous n'entrerons pas dans la
discussion facile du plan sur lequel on peut
la former. Et nous passerons à une éducation plus intéressante encore : celle des garçons.

Si l'homme, aux yeux de la raison, pouvait être vil indépendamment de ses vices,
qui le serait davantage que ces déplorables
enfans, dont la plupart doivent le jour aux
désordres, qu'ils punissent par la honte ? C'est
de ces enfans que j'invite la patrie à tirer
sa force, à former son véritable trésor, comme
c'est du fer, le moins précieux des métaux,
que les arts tirent leur puissance et leur gloire.
Dès qu'ils seront parvenus à l'âge de sept ou
huit ans, qu'on les transporte dans une ha-
bitation située, s'il se peut, près d'une grande
rivière et dans le voisinage d'une forêt. Que

là, sous la direction des prêtres de S. Lazare, leur éducation soit achevée : il n'est pas nécessaire d'en chercher un nouveau modèle. L'histoire nous offre à Sparte et chez les anciens Perses, celui que nous devons adopter. Cette institution mâle leur donnera la vigueur que la nature leur avait refusée. C'est des métiers qui exigent la réunion de la force, de l'adresse et d'une sorte de courage, qu'on les instruira. C'est dans ces écoles que se formeront les charpentiers, les maréchaux, les charrons, les armuriers, les mineurs, les maçons, et tous les artisans dont le travail exclut la faiblesse. La géométrie, nécessaire à toutes les professions, y sera enseignée. Les jeux de ces élèves seront la chasse ; mais la chasse pénible et non exempte de quelques dangers, la natation et les exercices militaires, qu'il sera, comme on le verra dans le chapitre suivant, essentiel de leur montrer.

On sait assez qu'il faut que la nourriture d'une jeunesse destinée à une vie active et dure soit frugale, abondante et saine. Le corps doit être nourri ; il est inutile que le goût soit flatté.

La raison de chaque lecteur me prévient et trace sans moi le plan d'éducation morale à suivre dans les établissemens que je propose. Comment ne serait-il pas rempli, s'il est confié à ces prêtres vénérables et vraiment utiles, qui, toujours animés par l'esprit de S. Vincent de Paule, enseignent sans fanatisme les vérités de la religion, en pratiquent sans ostentation et sans réserve toutes les vertus, et sont l'une des plus belles apologies, comme l'une des plus fortes preuves de la doctrine qu'ils prêchent ? Ils accoutumeront leurs élèves à se mettre sous les regards de la divinité, à s'en former une idée aussi grande que simple, à la considérer comme la source éternelle de toute justice et de toute bonté. Ils feront naître en eux l'enthousiasme du patriotisme, et leur feront bientôt penser, que servir leur pays, sera le plus grand bonheur pour eux. Réunissez les enfans, donnez-leur des instituteurs vertueux et patriotes, vous aurez un peuple de héros.

Le gouvernement , dont les regards se porteront , avec un intérêt éclairé , sur les établissemens consacrés à recueillir les enfans
délaissés , ne négligera pas les moyens d'é-
tendre sa bienfaisance en augmentant ses richesses. Qu'elles richesses comparables à des
hommes forts , sages et courageux? Pour en
multiplier le nombre , qu'on ouvre les asyles
de la charité publique aux pauvres orphelins des campagnes , qui n'ont de ressources
actuelles que celles que leur accorde une
froide pitié , et de perspective que la servitude ou le libertinage , que trop souvent la
misère amène , et qui ramène la misère à son
tour , qu'on appelle même dans ces asyles
les enfans des pères dans l'impossibilité de
les élever , et qui peuvent à peine les nourrir.
Qu'une vaine crainte , qu'une fausse économie n'arrêtent pas ! c'est au centuple que la
générosité sera récompensée (4).

Des avances , qui ne seront point immenses , seront bientôt recouvrées , et pendant
toute la durée du monde , épargneront des

dépenses très-considérables, qui tous les ans se renouvellent.

Nous renvoyons au chapitre suivant la preuve de cette vérité. Nous allons montrer, avant de finir celui-ci, que le produit qu'on pourrait tirer des établissemens dont j'offre le projet, joint aux dotations dont jouissent les hôpitaux des enfans trouvés, et à la grande épargne qu'on ferait en les plaçant dans les campagnes, serait plus que suffisant pour leur entretien.

Nous avons vu que la vente des terreins que ces hôpitaux possédent dans les villes donnerait les fonds nécessaires pour en construire de nouveaux. Si cependant des édifices plus nombreux exigeaient des sommes plus fortes, il serait un moyen de les épargner, que je crois voir S. Benoit et S. Bernard applaudir du haut des cieux. Ces saints ont trop bien mérité notre vénération et leur récompense, pour avoir seulement voulu que leur noms et leurs livrées fussent portés d'âges en âges. Ils ont cherché le bien et l'ont trouvé

peut-être , mais si un plus grand bien à faire
que celui qu'ils ont opéré , et que le tems
pourrait bien avoir trop affaibli , se présente ,
c'est les honorer , c'est entrer dans leur esprit que d'en saisir , d'en remplir l'idée ,
même en s'emparant de quelques - uns de
leurs monastères. Qu'on n'hésite donc pas, si
le besoin l'exige , à prendre dans chaque
province une maison de bénédictins ou de
bernardins, et de lui donner une destination
certainement plus utile, et peut-être beaucoup plus religieuse encore que celle qu'elles
ont à présent.

Avec le gain qu'on ferait à la campagne
par la diminution du prix des commestibles ;
on pourrait en faire un, considérable encore,
en supprimant les nourrices.

Des essais, heureux et souvent repétés , ont
appris que le lait des vaches et des chevres
supplée, et même est très-préférable à celui
de ces femmes mercenaires, dont le moindre inconvénient serait d'augmenter beaucoup les frais et l'embarras dans une insti-

tution , qui doit avoir l'économie et l'ordre pour principale base.

L'imagination qui parle à l'imagination , la sensibilité qui parle à la sensibilité , sont sûres de se faire entendre , d'être applaudies , et souvent parviennent à entraîner ; mais les succès qu'elles présentent sont un écueil. Ils font trop communément préférer la gloire d'écrire un livre qu'on vante , au mérite d'écrire un ouvrage sans éclat , mais utile. Si je pouvais l'obtenir , c'est à ce dernier avantage que je saurais me borner , et si mes vues sont bonnes , je préférerais un lecteur qui aurait la volonté et la puissance de les réaliser , à la stérile foule des admirateurs , qui ne me donneraient que de la renommée. Revenons donc au langage austère de la discussion, et rentrons dans l'aridité des détails.

La manière la plus assurée de faire des établissemens durables , c'est de les constituer de façon qu'ils subsistent au moins en grande partie , par leurs propres moyens. Il serait chimérique de se flatter d'y parvenir dans ceux que je demande pour la première enfance. Vivre et se fortifier ; voilà tout ce que doit le premier âge ; mais quand les années se multiplient, la dette s'étend avec la possibilité de l'acquitter.

Des filles de huit ans peuvent déja devider la soie ; carder, filer la laine et le coton, tricoter, coudre, et par l'ouvrage de leurs mains, payer une partie de leur subsistance. Le travail des filles de douze ans doit les entretenir, et celles de quatorze gagneront au-delà de leur dépense (5). Pour peu qu'on veuille y pourvoir, l'occupation ne leur manquera pas. Près des manufactures, elle viendra les chercher. Dans les provinces frontières, ou plus de soldats sont rassemblés, elle fileront la toile, coudront le linge pour eux. Les remedes préparés pour les pharmacies, seront encore un profit pour les maisons. Si l'on ne perdait rien, si l'on employait tout, il n'y aurait point de misère absolue sur la terre.

De plus vastes ressources se présentent dans les asyles des garçons. Les atteliers qu'on y formera, en préparant des ouvriers adroits et forts, produiront des salaires plus que suffisans pour leur entretien. Quel jeune homme de quatorze à seize ans ne gagnera pas au-delà du prix de sa nourriture et de ses vête-mens ? Ces jeunes gens, laborieux et honnêtes, obtiendront la préférence sur tous les autres ouvriers. Ce seront eux qui ouvriront les fossés, qui dessécheront les marais, qui éleveront les édifices, qui feront les charpentes, qui donneront au fer toutes les formes que les besoins lui demandent ; ce seront eux que la charité, d'abord, croira devoir protéger, et qui, bientôt, récompenseront la charité par la supériorité de leurs ouvrages.

Mais quand par un régime convenable, par un exercice salutaire, on leur aura formé un tempérament robuste et sain ; quand, par une éducation religieuse et morale, on leur aura inspiré, pour eux-mêmes, pour les au-

tres hommes et pour Dieu, un respect nécessaire ; quand par des instructions jamais né-
gligées , et pendant huit ans répétées chaque
jour avec patience , avec attention , avec intelligence , on les aura élevés à la perfection d'un métier utile , et qu'on leur aura
assuré le moyen d'éviter l'indigence & le vice,
risquera - t - on , en abandonnant à tous les
dangers de la séduction et de l'exemple des
éleves si précieux , mais sans parens , sans
guides , sans protection , de perdre tous les
fruits d'une institution éclairée , patriotique
et bienfaisante ? Ce n'est pas assez de conduire l'arbre jusqu'au moment où il se couvre des fleurs , il faut encore le forcer à
remplir les promesses du printems dans les
jours de l'automne.

NOTES.

(1) Les frères de la charité qu'on attacherait aux maisons des enfans trouvés, ne seraient pas seulement utiles
à ces maisons ; ils le seraient aussi à tous les villages
des environs. On ne sait pas combien de paysans péris-

sent sante des secours d'un chirurgien. Et ces secours comment les auraient-ils ? hélas ! ils n'ont pas de quoi les payer.

J'ai souvent entendu accuser les écrivains d'exagérer la misère des habitans de la campagne. Cependant les pauvres sans travail y manquent d'alimens, de remèdes et souvent un peu de paille ne couvre pas même les planches sur lesquelles ils rendent le dernier soupir.

On aime mieux penser que la peinture des maux est exagérée que d'aller les soulager.

(2) Tout le monde sait quel respect, quelle reconnaissance sont dues aux prêtres de la congrégation de S. Lazare. Ils prouvent combien des hommes formés dans une association éclairée et vertueuse sont supérieurs à ceux qui ne tiennent à aucun corps.

Il serait infiniment à désirer, pour les progrès de la raison et pour la conservation des mœurs, que toutes les paroisses, et sur-tout celles des campagnes, fussent confiées à des ecclésiastiques attachés à des sociétés religieuses. On y trouverait l'avantage d'une instruction toujours suivie et toujours dirigée par le même esprit. On serait sûr que chaque curé serait l'homme le plus propre à chaque paroisse, ou du moins de pouvoir bientôt par un nouveau choix réparer un choix qui n'aurait pas été tout-à-fait heureux. A la surveillance épiscopale se joindrait la surveillance des supérieurs, toujours plus

active,

active, toujours plus certaine parce qu'elle est plus intéressée.

Les Oratoriens, les chanoines de Ste. Genevieve, ceux de St. Victor, ceux de notre Sauveur et les prémontrés administrent en Alsace, en Lorraine, en Saintonge en Poitou, beaucoup de cures. Ce sont celles où la religion est enseignée avec le plus de soin et de sagesse et où les mœurs se sont le plus préservées de la contagion presque générale.

(3) Une éducation faite avec soin tiendrait lieu de dot à ces filles, et serait plus avantageuse à leurs époux qu'une somme médiocre dépensée trop promptement. Un travail industrieux est payé par un revenu de chaque jour, au lieu que l'argent est bientôt dissipé par la consommation journalière.

Pourquoi ne pas rendre le luxe des villes et même celui des étrangers tributaire de nos campagnes, en occupant les momens que laissent aux femmes les soins de leurs ménages ? Elles peuvent faire des dentelles, des blondes, comme dans quelques cantons de la Normandie et de la Lorraine ; tricoter des bas, qui obtiendraient la préférence sur ceux qui sont tramés au métier ; tresser la paille, en faire des jolis chapeaux pour les femmes des villes ; enfin donner du prix, par le travail et l'industrie aux choses, qui, sans elles, seraient presque sans valeur.

P

En occupant les femmes à filer le chanvre, on a établi, depuis trente ans, un grand commerce de toiles dans les montagnes du Beaujolais. Ces monts arides et qui semblaient sans ressources sont devenus riches. Au lieu de la tristesse et de l'inertie, c'est à présent l'aisance et le contentement qu'on y voit.

(4) On sent bien que les enfans légitimes ne doivent être reçus dans les maisons de charité que du gré de leurs parens. On veut les délivrer d'un fardeau momentané et non leur arracher les objets de leur tendresse. La bienfaisance elle-même devient une tyrannie quand on l'exerce en gênant la liberté.

L'éducation des enfans des pauvres finie, ils doivent être rendus à leurs familles, avec les moyens de les faire prospérer.

(5) Beaucoup de demoiselles, de très-honnêtes familles, du Languedoc, du Dauphiné, du Forets, de la Savoie et du Bugey, n'ont que le produit des vers à soie qu'elles élevent, pour fournir aux frais de leur entretien. Quoique sans luxe, la plupart sont mises avec beaucoup d'élégance.

CHAPITRE XVII.

DES enfans trouvés, parvenus à l'âge de dix-sept ans.

APRÈS avoir fait construire des vaisseaux avec tous les soins, toute l'intelligence d'un art supérieur, il n'est point de souverain assez insensé pour les abandonner séparément, et sans pilotes aux dangers évidens, d'une mer orageuse et couverte d'écueils. On les rassemble, on en forme des flottes, on les confie à des chefs expérimentés. Leur réunion multipliant leur force, les assure contre les tempêtes et les rend capables de triompher des flottes rivales. Cette conduite, que suggere la raison la plus commune, est celle qu'on devrait tenir, quand après avoir commencé des hommes, il ne reste plus qu'à les préserver des vices, qui les aviliraient en leur propre malheur, et qui non-seulement les rendraient inutiles à la société,

P ij

mais les lui rendraient à charge , et même souvent dangereux.

Une manière simple se présente de leur donner une existence honorable pour eux , et infiniment avantageuse à la patrie , devenue véritablement leur mère. Au lieu de les laisser se répandre , au hazard , dans les professions les plus obscures de la société , n'ayant de protection que leur faible industrie , n'inspirant d'intérêt que celui qu'ont les maîtres ouvriers à trouver des compagnons laborieux , sans aucuns surveillans de leurs mœurs et sans défense contre les suites et les dangers d'une indépendance précoce ; exposés à tous les pièges de la séduction , à toutes les sollicitations de la débauche , qu'on arrache à des périls inévitables de malheureux enfans dénués de tout et abandonnés à eux-mêmes dans l'époque la plus fatale de la vie ; qu'on en fasse les soutiens , les vrais guerriers de la patrie , qui les a nourris et rendus dignes de la servir ; mais qu'on ne les jette pas dans les corps déjà formés , ils n'y seraient que des soldats ordinaires , et ce n'est pas ce que doivent être des enfans élevés pour devenir la gloire de leur pays. D'ailleurs , répandus confusément dans les régimens divers , ces enfans n'auraient qu'une faible part à la gloire commune , et chacun d'eux aurait en entier la honte attachée au vice de sa naissance. Leur mérite se perdrait dans la foule et leur tache y serait distinguée. Qu'ils ne soient pas l'objet de l'envie , qu'ils soient encore moins l'objet d'un injuste mépris. Formant ensemble des corps , qui deviendraient bientôt respectables , il n'est pas à craindre qu'ils soient , ou du moins qu'ils soient long-tems exposés à ces dénominations odieuses que le peuple se permet dans sa grossièreté barbare. Si des parens leur manquent , ils auront à leur place la renommée , compagne fidelle de la sagesse et du courage , qui leur en tiendra lieu.

J'ignore à quel nombre s'élève dans ce vaste empire le nombre des enfans trouvés. Je ne connais pas mieux celui des orphelins sans ressource ; mais grace au relâchement des principes, à la licence excessive, à la misère extrême, il est effrayant d'y penser. Cependant, ne nous décourageons pas, et d'un fardeau qui nous surcharge tirons notre richesse et notre force. Déjà plusieurs moyens en ont été indiqués. Je ne les discuterai pas, je me contente d'en proposer un, qui me semble réunir le double mérite de l'utilité et de la facilité.

Dans les maisons d'éducation, les enfans destinés au service de la patrie ont été préparés. Pendant dix-sept ans on a dû s'attacher à leur donner avec un corps adroit et robuste, une ame mâle et vigoureuse. De ces écoles doit sortir une jeunesse digne de Sparte. Qu'on en forme des légions, elles seront invincibles et l'exemple des armées.

Sous le nom de légions françaises ou de légions patriotiques, on pourrait composer une troupe de vingt mille hommes, qui serait certainement la plus sage, et très-certainement la plus redoutable du monde entier. Chacune de ces légions serait de cinq mille hommes, se diviserait en demi-légions, en cohortes, etc. Les romains ont laissé leur exemple. Quatre ans suffiraient pour les former. Les plus longs efforts des ennemis ne suffiraient pas pour les soumettre. On exigerait de chaque légionnaire dix ans de service. Nul prix d'engagement ne lui serait donné. Par son éducation il aurait été payé d'avance, et par l'honneur il serait d'avance récompensé.

L'état en créant cette nouvelle milice pourrait réformer un nombre égal de soldats soit nationaux, soit étrangers (1). A supposer que le prix des engagemens ne s'élève qu'à cent francs pour chaque enrôlé, et qu'on soit tous les ans obligé de renouveller le quart des régimens, le roi gagnerait chaque année cinq cent mille francs; et sans exagérer la dépense effective, en la réduisant même au-delà du possible, le roi gagnerait encore sur les frais de route que les recrues sont obligées de faire pour rejoindre leurs corps au moins deux cent mille francs (2).

P iv

En formant cette troupe, qui deviendrait la force de nos armées, on sent combien il serait essentiel de lui choisir des chefs dignes de l'instruire et de les commander. Pour cette fois que le crédit soit sans puissance; c'est le solide mérite que l'intérêt du prince appelle, et ce n'est pas de sa cour qu'il peut répondre. Il existe; mais caché dans les hommes obscurs des légions.

C'est parmi les officiers estimables et trop oubliés que je crois qu'on doit choisir, exclusivement et toujours, les colonels, les lieutenans-colonels et les premiers majors de notre troupe patriotique. Les qualités militaires, à quelque dégré qu'on les possède, ne suffiront pas pour obtenir des places pour lesquelles, dans mon système, les qualités morales sont au moins également nécessaires. Qu'on n'oublie pas que dans ce système, à la bienfaisance qui ouvrit à l'enfance des asyles secourables, la sagesse s'est unie pour former de braves et généreux guerriers; et sans mœurs comment parvenir à l'être?

Des hommes expérimentés et d'une vertu reconnue, sont les seuls à qui doit être confié l'honneur de diriger les premiers pas d'une jeunesse aussi précieuse. Ce seront les officiers qui auront le mieux mérité l'estime de leurs régimens, à qui, pour la première fois seulement, les compagnies des légions françaises seront données. Ces compagnies auront pour maréchaux des logis, sergens, brigadiers et caporaux, les militaires de ces grades qui auront la meilleure réputation. Le tems leur assurera dans cette jeune milice des successeurs qui les surpasseront.

Il est d'autres élèves que leur naissance a placé dans un ordre très-distingué; mais à qui la fortune n'a pas également départi ses dons? L'état a fait pour eux ce que leurs familles n'ont pu faire. Ils doivent à la munificence royale une éducation heureuse. Ils lui doivent des talens et des vertus (3). Elle peut recueillir le prix de ses bienfaits. Qu'elle accorde aux élèves des écoles militaires, exclusivement et toujours, toutes les places d'officiers subalternes dans les légions françaises. Ils porteront à ces emplois des corps et des ames préparés à les bien remplir. Toujours veillés, toujours soignés, toujours exercés, toujours instruits comme les plus braves, ils deviendront les officiers les plus sages, les plus capables des armées. Elevés comme Cyrus, tous n'auront pas son génie ; mais tous auront son courage, et ils mériteront tous d'avoir des Cyrus pour les commander.

N'oublions pas quels ont été leurs premiers instituteurs. Que ces hommes pieux, éclairés, et sagement religieux, qui développèrent les bons germes dans leurs cœurs, continuent à les faire fructifier. Qu'ils les instruisent, qu'ils les dirigent, qu'ils les soutiennent, qu'ils les animent encore quand ils seront réunis autour des drapeaux. Lorsque la plante est dans toute sa vigueur et que la séve surabonde, elle a sur-tout besoin du jardinier.

Après avoir élevé ces enfans avec une sollicitude vraiment paternelle, après avoir, pour ainsi dire, créé des hommes dans un siècle où ils deviennent si rares, après avoir fait reposer l'espérance du gouvernement sur eux, courera-t-on le risque évident de rendre imparfait un pareil ouvrage, ou même d'en perdre entièrement le fruit, faute d'une précaution aussi simple que facile ?

On ne le sait que trop, dans les empires modernes c'est du rebut des nations que la soldatesque est presque entièrement composée. Quelques années, opprobre et fléaux des grandes villes, c'est après s'être énervés dans la débauche, flétris dans les vices que de jeunes gens s'enrôlent, ou pour se dérober à des punitions méritées, ou, parce que l'excès de leur prodigalité les a mis dans l'impossibilité de se livrer à la vie licencieuse qu'ils ont menée. Une cocarde les préserve des peines qu'ils redoutent, ou les garantit de la misère extrême qu'ils ne pourraient éviter ni supporter ; mais cette cocarde, qui, peut-être leur donnera le sentiment d'une sorte d'honneur, ne leur rendra pas des mœurs. Mêlés dans les garnisons avec nos légionnaires, ils ne deviendraient pas meilleurs, et leur feraient perdre au moins une partie de leurs vertus; ah! séparez le bon grain de l'ivraye! en confondant tout sans nécessité, ne vous exposez pas an danger de tout corrompre. Puisque vous avez le pouvoir, conservez sain ce qu'il vous est si facile de conserver. Écoutez votre intérêt; c'est lui qui vous dit que peut-être sans vertu l'on peut vaincre; mais qu'avec une vertu constante et forte on est invincible.

Laissez les garnisons d'élite, les villes opulentes et licentieuses dès long-tems aux régimens favorisés qui les désirent. Elles ne leur nuiront plus, et nuiraient infailliblement à nos légions. Placez celles-ci sur vos frontières, dans les villes non-accoutumées encore à recevoir des troupes, et où les mœurs antiques se sont conservées. Là, elles vivifiront le pays par des travaux profitables, y répandront l'aisance par leur consommation, et y feront naître l'industrie par leur exemple. Les légionnaires apprendront à se plier à une dis-

cipline exacte et nécessaire ; les exercices
multipliés ; mais sans excès, leur donneront
une adresse, dont à la guerre on sentira le
prix, et on leur rendra la tactique familière.
Les officiers, éloignés de tous les objets frivoles, acquerront toutes les connaissances
utiles aux guerriers ; et ce corps, élevé au
plus haut point de perfection que la milice
puisse atteindre, réunira la valeur, la constance, la sagesse et l'instruction.

Si l'imagination ne me fait pas concevoir
de trop grandes espérances, je revois le ba-
taillon sacré des Thébains, je vois une troupe
indomptable, qu'on détruira peut-être ; mais
qu'on ne subjuguera jamais. Je vois mes
légions, qu'on permette à mon cœur de les
adopter, devenir la sûreté de l'armée qu'elles
couvrent, la désolation de l'armée qu'elles
combattent ; les soldats français, reposer sous
leurs tentes avec la même sécurité que dans
les villes, tandis qu'aux soldats ennemis le
sommeil n'est plus accordé ; l'abondance régner dans nos camps avec la confiance et

la joie , pendant que dans les camps opposés se fait sentir la disette présente avec l'inquiétude pour l'avenir ; et notre troupe multipliée par la discipline et son agilité , par-tout pour défendre les français , par-tout pour désespérer les ennemis ; je vois leurs convois enlevés , leurs postes à tous les instans menacés ou surpris , que nul repos ne les ranime , que nul espoir ne les soutient , et que la fatigue les affaiblit avant que la victoire ne les accable ; cependant si la victoire trompe nos armes , je vois que notre général ne se déconcerte pas , qu'il a ses légions pour assurer sa retraite , et que c'est plutôt un camp qu'il abandonne , qu'une bataille qu'il perd.

Qu'on songe à ce que serait une troupe dans l'ardeur de la première jeunesse, et dans toute la force de l'âge mûr commencé , destinée , préparée à l'héroïsme dès les premiers jours de l'enfance , élevée dans les sentimens de l'honneur et dans les principes de la vertu , à qui toute l'instruction nécessaire aurait été donnée , que l'habitude aurait soumise à la plus exacte discipline, comme le sont tous les hommes aux loix invariables de la nature, et pour qui la honte serait le plus grand des supplices, si elle pouvait jamais mériter la honte !

Pour peu que la pensée s'arrête sur les grands objets d'administration, on s'étonne que les hommes, depuis des siècles réunis en grands empires, ayent si peu réfléchi, ou du moins si peu opéré.

Nous croyons, et malheureusement avec trop de vraisemblance, que les provinces méditérannées de la France fourniraient plus d'enfans trouvés et d'orphelins dans la misère, qu'il n'en faudra pour former et entretenir les légions que nous avons proposées. Tirons donc parti, et toujours de la manière la plus utile, de ceux que nous trouverons dans les provinces maritimes. L'élément qui les borde, indique la destination des éleves de ces contrées. C'est à la marine, c'est à garder nos côtes qu'il les faut consacrer.

Je ne m'étendrai point sur la manière de

former des établissemens vraiment patriotiques en des pays que je connais peu. Je n'aurais que des doutes à offrir, tandis que j'ai
la certitude qu'il suffit de présenter une idée
utile au ministre actuel de la marine, pour
qu'elle soit développée, fécondée, étendue
par son génie. Sa jeunesse m'a fait juger ce
que pouvait produire l'âge de sa maturité (*).

Les jeunes gens moins beaux, moins forts
que ceux qui seront choisis pour les légions
ou pour le service militaire de la marine, ne
resteront pas cependant inutiles. Ils serviront
aussi la patrie qui, pendant dix ans, les en-
tretiendra. Comme on aura prévu dès leur
enfance que leur constitution trop faible ne
leur permettrait pas d'exercer des métiers et
d'embrasser un état qui exigent des hommes
adroits, agiles et robustes, des métiers moins
fatigans et plus sédentaires leur seront en-

(*) M. le Comte de la Luzerne. J'aime à saisir l'occasion de lui rendre un hommage aussi pur que désin-
téressé.

seignés.

seignés. On en formera des compagnies d'ouvriers, qui travailleront à l'habillement, à la chaussure des troupes, qui leur fourniront des boulangers, des chapeliers, des tisserans ; tous les artisans, enfin, qui seront nécessaires à beaucoup d'hommes rassemblés.

Si cette classe est plus considérable que ne l'exigera le besoin des légions, on ne sera point embarrassé du trop grand nombre d'ouvriers qu'elle produira. Dans les ports de mer, ils seront très-avantageusement employés. Ils ourdiront la toile pour les voiles, feront les cables, les cordages, trameront les draps pour l'habillement de la marine, et des compagnies d'ouvriers ; c'est parmi eux qu'on trouvera les ménuisiers, les serruriers et les ouvriers si différens et si multipliés que demande la construction des vaisseaux. Par leur moyen, les profits du roi sur les prix de main-d'œuvre seront immenses ; avantage, digne d'être apprécié. Pour conduire leurs atteliers et en tirer tout le parti possible, tout ce que je demande, et cela ne doit pas être

Q

difficile à trouver, ce sont des directeurs,
avec une intelligence ordinaire et une probité qui, malheureusement ne l'est pas.

Au bout de dix ans, les légionaires, les
soldats de marine, les gardes - côtes et les
ouvriers pourront à leur choix servir encore,
ou jouir d'une entiere liberté. C'est parmi
ceux qui préféreront de continuer leur service que seront pris les officiers inférieurs
des légions et des troupes maritimes, et les
chefs subalternes des ouvriers. Les autres, accoutumés à une vie laborieuse et sage, iront
porter dans les campagnes des arts utiles,
et former des mariages heureux (4).

Au lieu de ces soldats qui, dans les troupes, n'ont que trop contracté l'habitude du
libertinage et de la paresse, et qui ne reviennent dans les villages que pour apporter le
désordre et donner le funeste exemple de l'extrême licence des mœurs, on verra s'établir
dans les campagnes des hommes dans la plus
grande force de l'âge, habitués au travail,
à la sagesse, dont l'industrie sera très - utile

aux lieux qu'ils viendront habiter, et qui pourront même les faire prospérer.

Déja des projets sans nombre sur les enfans trouvés ont été présentés. La plupart sont si chimériques qu'il serait déraisonnable de s'y arrêter; mais il en est un d'un ordre différent qui mérite d'autant plus d'être combattu qu'une compagnie respectable, la société royale des sciences et des arts de Metz, lui a donné son approbation, et très-justement à beaucoup d'égards; mais le mémoire de M. de Bousmard, que cette Académie a couronné, exigerait une discussion plus longue que son estimable ouvrage. J'invite à le lire, et si mes vues, entièrement différentes des siennes, sont plus simples, d'une exécution plus facile et d'une utilité plus réelle et plus grande que celles qu'il a proposées, j'aurai fait à M. de Bousmard une très-bonne réponse.

Il est des projets plus rapprochés du mien, sur-tout celui d'un ministre qui s'était habitué à méditer. Une partie des idées qui se réalisent aujourd'hui se trouve dans un livre

excellent, que M. le marquis d'Argenson nous
a laissé. Il était profondément occupé de
celle d'élever les enfans trouvés d'une manière plus avantageuse que celle qu'on a jusqu'à présent employée, et de tirer de ces enfans
le meilleur parti possible pour l'état. Il voulait, ce qui ne semble pas d'une équité par-
faite, que les célibataires, c'est-à-dire ceux
de la classe qu'il appelle philosophique, fissent
les frais des établissemens qu'il proposait en
faveur des malheureux fruits du libertinage
ou de la faiblesse. Les vues qu'il offre pour
leur éducation sont d'une grande sagesse, et
la destination qu'il leur donne, à quelques
inconvéniens près, est très-bonne. C'est au
service de la patrie qu'il les consacre, trou-
vant juste que les enfans de la patrie servent
de préférence à la défendre (5).

Une pitié, sans réflexions, s'élève contre les vues de la raison et de l'humanité véritable. Elle s'attendrit, déplore le sort des enfans à qui l'on voudrait, pour prix des secours
qu'on leur a donnés, imposer le sacrifice de

leur liberté. Qu'elle est peu éclairée cette pitié ! elle ne voit pas que le sacrifice de dix ans d'une liberté, nécessairement fatale, qu'on demande à ces enfans, est un nouvel avantage qu'on leur accorde et même le plus grand de tous. Hommes si disposés à vous émouvoir et qui l'êtes si peu à penser avec quelque profondeur, transportez-vous dans les dépots de la mendicité, allez dans les maisons de force, visitez les prisons, faites plus, arrêtez vos regards un instant sur ces misérables, trop justement enchaînés aux galères ! interrogez ces malheureux ! vous serez étonné du nombre de ceux qui vous répondront, *c'est dans les asyles de la charité que nous avons été nourris, que nous avons été élevés.* Malgré les soins qu'on leur a prodigués, malgré les instructions qu'ils ont reçues, voilà cependant l'affreuse destinée de la plupart d'entre eux. Eh ! que peuvent-ils devenir sous le double fardeau du mépris et de la misère ? Mais la réflexion vous ramène, elle change une commisération mal entendue en générosité éclairée.

Vous sentez enfin combien pour ces enfans même, qui si justement excitent votre sensibilité, une gêne de dix ans, utile à l'état et qui fera honorer le reste de leur vie, est préférable à une indépendance funeste, qui du vice les conduit dans les cachots, sur les galères, et trop souvent, hélas! les expose à tomber sous les coups des bourreaux. Quelle gêne est celle qu'on leur impose? Celle qui est imposée aux descendans des races les plus illustres et les plus antiques, qui tous ont une vocation presque nécessitée. Quel est celui d'entre eux qui se plaint de n'avoir que la carrière militaire à parcourir, et qui regrette que celle de la magistrature ou du commerce ne soit pas ouverte pour lui?

Aimons le bien avec passion, méditons profondément et avec toutes les forces de notre ame sur la manière de l'opérer, et quand une fois nous serons sur sa route, ne nous laissons pas détourner par des considérations timides, ne soyons pas rebutés par les contradictions et les obstacles. La constance et la force, la pitié même, la touchante pitié, qui n'est qu'un sentiment prompt, douloureux et tendre, n'a presque jamais que des effets momentanés. Pressée de se délivrer d'une affection pénible, son seul mouvement l'entraîne, et par conséquent elle est souvent sujette à s'égarer. Mais la bienfaisance, qui réunit le sentiment et la lumière, après s'être attendrie sur les maux, cherche les moyens de les soulager et de les détruire, les découvre, les emploie avec ardeur, persévérance et courage, et jouit du bonheur de les avoir trouvés.

NOTES.

(1) Ce sont moins les nombreuses armées que les armées courageuses et disciplinées qui font la force des empires. Avec une poignée de Macédoniens, Alexandre conquit le monde. Je ne propose donc point d'augmenter, onéreusement pour le peuple et pour le roi, le militaire français. Je fais mieux en proposant de le rendre plus formidable et moins dispendieux. Ce double objet sera rempli, si dans la réforme qu'occasionnera la création des légions françaises, on conserve les nationaux plutôt que les étrangers. La solde de ces derniers est plus chère, le traitement de leurs officiers plus considérable, et certainement ils ne servent pas mieux que les français. Quel besoin avons-nous de ces Italiens, de ces Allemands, de ces Irlandais, qui enlèvent à notre noblesse des places, qui lui sont nécessaires, et à nos provinces une partie de leurs soldats? Pour parler allemand, les Alsaciens et les Lorrains n'ont pas moins la même patrie que nous.

En réformant vingt mille étrangers, qui seraient remplacés par vingt mille enfans trouvés, le roi gagnerait par la différence des payes au moins cinq cens mille liv., cette somme jointe à celles qu'il épargnerait en ne donnant point d'engagement à ses légionaires et à l'économie qu'il ferait sur les frais de route, formerait un objet annuel de plus de douze cens mille francs (*). Augmenter sa force en diminuant sa dépense, semble une bonne spéculation.

Il est un vieux principe qu'on m'opposera; mais pour être ancien il n'est pas plus solide. L'état, dira-t-on, en prenant des étrangers à sa solde, a le double avantage d'acquérir des hommes et de les enlever à ses rivaux. Ce raisonnement n'est pas juste, parce que nos rivaux, encore plus que nous, sont obligés de proportionner le nombre de leurs troupes aux moyens qu'ils ont de les entretenir. On a beau trouver les hommes si l'or manque

---

(*) Voyez la note suivante.

pour les payer. D'ailleurs, si vous enlevez des étrangers aux autres princes, les autres princes vous enlèvent des Français; et vous et eux vous ne faites respectivement qu'un échange désavantageux. Au lieu de vos régimens italiens ou irlandais, que n'avez-vous conservé ces braves soldats, ces vaillans officiers dont les gardes Walones sont composées et ceux qui sont épars chez tous les souverains du monde? Il paraît plus naturel et plus juste de confier la garde de la maison aux enfans de la maison même, qu'aux enfans qui abandonnent celle de leur père.

(2) C'est principalement à Paris et dans les grandes villes que se font les recrues. Pour les envoyer aux régimens auxquels elles sont destinées, il faut souvent leur faire traverser toute la France. Il serait bien difficile que dans ces longs trajets un homme ne dépensât pas en moins cinquante francs. Nos légionaires n'auront qu'une route peu longue à faire pour arriver de la maison qui les aura nourris à la légion qui les recevra. Plus sains, plus forts que les hommes enrôlés dans les villes, la dépense de leur marche ne sera pas augmentée par les frais de voitures et d'hopitaux.

(3) L'éducation d'une jeunesse destinée à une seule profession doit être faite sur un plan unique et dans un même esprit. On parviendra mieux à lui donner cette unité nécessaire en la confiant à une seule congrégation.

Celle des Lazaristes, qui, dans tous ses rapports, a l'amour de l'humanité pour objet me semble préférable à toute autre. Une difficulté se présente. Peut-être ne sont-ils pas assez nombreux pour remplir toutes les fonctions importantes auxquelles leur capacité, leur zèle et leurs vertus les rendent si propres. Mais ne pourrait-on pas les dispenser des missions étrangères et même de celles de France, qui deviendront moins utiles, puisqu'en multipliant les curés on étendra beaucoup l'instruction (*) ? Ne pourrait-on pas aussi leur réunir différentes congrégations, répandues dans le royaume, dont le régime n'est pas très-différent du leur ? Les Eudistes qui ont beaucoup d'établissemens en Normandie, les Joséphistes qui sont en grand nombre dans le diocèse de Lyon, seraient dignes de les seconder et de ne former qu'un même corps avec eux. Nous ne proposons pas de leur associer les Oratoriens. Même aux hommes les plus vertueux la rivalité n'est pas inutile. Depuis qu'il n'est plus de Jésuites, l'oratoire a perdu une partie de son éclat.

(4) La prévoyance du gouvernement doit s'occuper du sort des légionaires qui, après avoir consacré dix ans de leur vie au service de l'état, auront acquitté leur dette envers lui, voudront jouir de la liberté à laquelle ils ont droit. Il serait injuste de les rendre à la société sans autre ressource que leurs bras et leur industrie ; il serait trop dispendieux d'accorder à chacun d'eux

____

(*) Voyez plus haut. Chap. XI. des Curés.

une somme suffisante pour son établissement. Il faut donc qu'une sage économie fasse également éviter une dépense trop forte et la dureté.

Nos légionaires ont tous appris des métiers d'une utilité générale. Partout ils trouveront à les exercer. En leur faisant chaque année une retenue de trente-six francs sur le produit de leur travail, après dix ans révolus, ces sommes rassemblées formeront celle de trois cens soixante et douze livres, qui, même par le moyen de la banque pourra être un peu augmentée. Cette somme les mettra à même d'achetter les outils nécessaires à leurs professions, et de former des établissemens que leur bonne conduite fera prospérer (*).

Comme les ouvriers travailleront au profit du roi, il sera juste de leur ménager une pareille somme et un peu plus forte, parce que les frais d'établissement sont plus considérables pour les métiers sédentaires que pour ceux qui exigent de la force.

(5) J'emprunte du journal de France, en l'abregeant encore, l'extrait du passage de l'ouvrage de M. d'Argenson, qui concerne les enfans trouvés et les pauvres orphelins.

« Le projet, dit ce respectable auteur, d'élever les

____

(*) Quand la banque dans la révolution de dix ans ne produiroit que 150 liv. d'intérêt pour leurs 36 liv. successivement placées, ce produit joint à la somme de 372 liv. formeroit 522 liv. qui suffiroient à leur établissement.

» enfans trouvés et d'en tirer parti pour l'Etat est un
» des plus intéressans dont on puisse s'occuper. Il faut
» d'abord trouver les fonds nécessaires pour y pour-
» voir, ensuite faire les arrangemens les plus sages,
» construire des bàtimens convenables pour recevoir ces
» innocentes victimes du libertinage ou de la faiblesse;
» préposer à leur nourriture et à leur éducation des per-
» sonnes intelligentes et honnêtes; enfin déterminer le
» genre d'occupation auquel ils pourront être appliqués.
» Le moyen de procurer ces fonds me paraît être une
» taxe sur tous les célibataires, qui soit proportionnée
» à leur fortune ».

» La religion a consacré le célibat clérical. Indépen-
» damment de tout ce qui est fondé sur cette base res-
» pectable, il y a de bonnes raisons politiques pour
» continuer la défense de se marier, faite aux minis-
» tres de la religion. Il y a une autre espèce de célibat
» qui a moins de titres en sa faveur. On l'appelle,
» depuis quelque tems philosophique : effectivement
» il tient à un genre de philosophie, dont chacun peut
» s'accommoder en particulier ; mais qui sera toujours
» contraire au bien de la société, parce qu'il tient à l'é-
» goïsme (*). N'est-il pas juste de faire achetter aux

(*) On voit par ces mots que M. Necker n'est pas le seul ministre qui
ait senti l'importance des opinions religieuses pour le gouvernement. Il
n'est pas non plus le seul grand homme qui ait senti combien elles
sont nécessaires au bonheur des humains. Dans la foule, nous ne cite-
rons que Leibnitz et Neuton.

» célibataires la liberté dont ils veulent jouir, ou plu-
» tôt de rendre ce rachapt régulier et de le faire tour-
» ner au profit de la société ? Je voudrais donc que
» chaque célibataire payât la valeur de l'entretien d'un
» enfant, depuis sa naissance, jusqu'à l'âge de vingt
» ans. Il n'y a aucun lieu de douter que cette taxe ne
» produisît beaucoup ; et comme il serait essentiel qu'elle
» ne fut employée à aucun autre objet qu'à sa propre
» destination, si le nombre des enfans naturels et orphe-
» lins ne suffisait pas pour absorber les fonds destinés
» à l'entretien de cette maison, on pourrait y admettre
» encore les enfans de ceux qui en sont vraiment sur-
» chargés. Quant à l'administration de ces établissemens,
» elle mériterait la plus grande attention ; mais, je crois
» qu'il faudrait laisser aux états des différentes provinces
» le soin d'y pourvoir. Selon toute apparence, cette
» taxe se payerait volontiers, quoique ce fut peut-être
» une des plus fortes (*).

» Quant à l'emploi qu'on ferait de ces enfans quand
» ils seraient grands, celui des garçons ne serait pas
» embarrassant : ils seraient destinés au service de
» la patrie. La milice dans laquelle ils entreraient se-
» rait honorable, chaque province devant être obligée
» de fournir un certain nombre de bataillons, pour
» former un régiment qui porterait son nom.

____

(*) Il paraît que ce ministre connaissait très-bien les secrets du mariage.

» Je reviens aux enfans de la patrie, c'est ainsi que je
» voudrais qu'on les appellât. On occuperait ceux qui
» seraient faibles et mal constitués, en leur faisant
» apprendre des métiers proportionnés à leur force. On
» serait plus embarrassé des filles, etc.

Quoique je ne les aie pas eu présentes quand j'ai écrit ce
chapitre, on voit que je m'éloigne peu des idées principales de M. le Marquis d'Argenson. Je crois les mien-
nes plus simples, d'une exécution plus facile et d'une
utilité plus grande. Je n'ai pas recours à son imposition,
qui me semble injuste, compliquée et sujette à d'innombrables exceptions. La bienfaisance est si belle ! ne
la dénaturons pas en la rendant forcée.

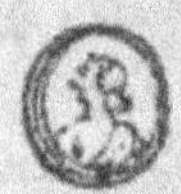

CHAPITRE XVIII.

Des Travaux.

S'IL est essentiel de multiplier les secours pour le peuple, il l'est encore davantage de l'entretenir dans l'habitude du travail. C'est du travail que doivent naître pour lui le repos, le plaisir et la jouissance. Qu'il recueille, mais seulement après avoir semé.

Les travaux des habitans de la campagne sont de trois espèces. Les particuliers, que chaque famille fait pour son propre avantage ; les communs, qui se font pour l'utilié de chaque communauté : les publics, qui sont ordonnés par le gouvernement, et dirigé par les administrateurs des provinces.

Les premiers peuvent être perfectionnés par des conseils, éclairés par des exemples ; mais ne doivent jamais être gênés par des lois qui seraient toujours injustes, et souvent déraisonnables. Quoi ! vous reconnaîtriez mes droits de propriété, vous m'assureriez que

vous les respectez, et vous les rendriez illu-
soires en me forçant de cultiver mes fonds
à votre volonté ! Eh ! laissez-moi répandre
à mon gré les plantes que je crois convenables à mon sol, et me livrer à l'espoir du
succès. Si je me trompe, mon erreur ne sera
pas importante, et bientôt par de nouveaux
efforts, par de plus heureux essais, je la
réparerai. Que le gouvernement s'en rapporte
aux propriétaires ; ils connaîtront toujours
mieux que lui leurs intérêts particuliers, et
c'est de ces intérêts que se forme la prospérité publique. Que le faux prétexte du bien
général ne détermine pas le ministère, et
bien moins encore les magistrats, à interdire la culture que les propriétaires préfèrent.
Sûrement leur intention serait pure ; mais
elle serait calomniée, et leur ordre décou-
ragerait, ruinerait, désespérerait une multitude de familles (1).

Les travaux communs, tels que l'entretien
des chemins vicinaux, des fontaines, des
digues, des pavés, etc, intéressent tout le

corps

corps de la communauté. Ils devraient être
ordonnés et dirigés par les officiers des justices seigneuriales , à qui la police des terres
est confiée ; mais la paresse des paysans, la
négligence de ces officiers , et l'indifférence
générale pour tout ce qui n'est pas absolument personnel, font que chacun se plaint
et souffre du peu de soin qu'on met à faire
exécuter ces travaux. Cependant les dégrada-
tions s'augmentent, les accidens se multiplient,
les frais de culture et de récolte deviennent
plus considérables , et le commerce plus lent
et plus difficile , par l'extrême embarras de
voiturer les denrées dans des chemins que rend
presque impraticables le défaut d'entretien.
Il serait d'une grande importance d'apporter
à ces maux des remèdes prompts et sûrs ;
peut-être en indiquerons-nous dans l'un des
chapitres suivans.

Les travaux publics qui , bien conçus, et
conduits avec intelligence et fidélité , élèvent
un empire au plus haut point de prospérité ,
deviennent une des plus puissantes causes de

R

sa ruine, quand ils sont soumis, comme il
n'est que trop ordinaire, à des subalternes
qui, sous le prétexte apparent d'obéir à leurs
ordres, oppriment, maltraitent, ruinent les
malheureux paysans. On sait combien, dans
les pays d'élection, le régime des chemins
est abusif; on sait combien il est onéreux aux
villes, et destructeur pour les campagnes;
et il subsiste. Je ne crains pas de l'avancer:
il vaudrait mieux qu'il n'y eut pas de communications ouvertes, que d'avoir des routes superbes, qui, au lieu de rendre les villages plus riches par le commerce, enlevent
le laboureur à ses travaux, exténuent son
bétail de fatigue, et le forcent à livrer le peu
d'argent qui lui reste, heureux de le sacrifier pour prix de quelques jours de délai,
ou de quelque diminution de peine. Eh! pourquoi ces tyranniques corvées qu'on lui impose? Cent pinceaux vigoureux, et non pas
exagérés, en ont tracé le douloureux tableau.

Aux poëtes, appartient l'enseignement universel, leurs beaux vers sont les ailes qui

portent la vérité. Qui sait, si ce désastreux système des corvées ne subsisterait pas encore, si les vers déchirans et sublimes du peintre des saisons ne les avait pas anathématisés ?

Je le conçois ; les gouvernemens craignent les essais, parce que souvent ils produisent des abus plus grands que ceux qu'on voudrait extirper. Je rends hommage à leur prudence et non pas à leurs craintes extrêmes. Il est certain qu'ils ne peuvent pas augmenter les maux que les chemins occasionnent, et qu'ils ont cent manières de les faire construire et entretenir sans surcharger les villes, et sans accabler le peuple des campagnes. Il en est une simple, et dès long-tems pratiquée par les Anglais. Je vais la présenter de nouveau, en ne faisant que transcrire une note de l'excellent ouvrage de M. le marquis de Girardin, sur la composition de paysages.

C'est uniquement en échappant à l'alignement forcé, en n'employant que les plus simples matériaux, et en suivant les directions naturelles, qu'on est parvenu à faire en

Angleterre les plus belles routes qui aient jamais existé dans l'univers.

Au lieu d'un pavé cahotant, ou d'une chaus-
sée ferrée, que les monceaux de pierres
dans les premières années, et les ornières
par la suite rendent presque toujours mauvaises, on a fait, dans toute la largeur de
la route, un encaissement de gravier ou de
cailloux cassés en très-petits morceaux. Par
cette construction simple et facile, le rou-
lage y est exempt de cahots, et les grosses
voitures, loin d'y faire des ornières, ne
font que contribuer à unir et à raffermir le
terrein, parce que la largeur du bandage
des roues est toujours proportionnée au poids
des chariages.

La douce sinuosité des routes procure la
facilité de prévenir de loin tous les obstacles,
de suivre presque toujours les directions naturelles dans les vallées, ou d'obtenir une
pente très-douce dans les montagnes ; ce qui
évite la dépense des remuemens de terres,
des aqueducs, et l'inconvénient des inonda-

tions auxquelles leur destruction expose les pays voisins.

La dimension des routes y est toujours proportionnée à leur importance, à leur fréquentation, à leur proximité des villes, et aux convenances accidentelles et locales ; proportions qui ne peuvent jamais varier dans un alignement forcé.

Les routes sont également bonnes dans toute leur largeur. Par là le voyageur n'est point exposé à des querelles perpétuelles pour la cession et rétrocession du pavé ; il est à l'abri des crottes, soit par des trottoirs ménagés pour les gens de pied, soit par le soin scrupuleux qu'on a de faire séparer, après le temps de pluie, les boues du gravier, comme il n'a pas la crainte de s'égarer, par le soin qu'on a eu de placer des poteaux d'indication à toutes les croisées des chemins.

Il est vrai que le voyageur qui profite seul de tant d'avantages pour l'épargne de ses chevaux, de ses voitures et de son tems, est aussi le seul qui les paie.

R iij

Les droits médiocres et invariablement fixés
de péages établis d'une distance à l'autre, rem-
boursent successivement à des entrepreneurs
particuliers qui sont sous l'autorité et non dans
l'autorité du gouvernement, les frais de la construction et de l'entretien de ces routes, que l'on
appelle, pour leur beauté, routes de bar-
rières. Je ne sais s'il y a plus de dignité,
d'économie ou de justice à faire faire les chemins par d'autres moyens ; tout ce que je
sais, c'est que tout homme humain aimera
beaucoup mieux payer pour un bon chemin,
quand il en profite, que d'être cahoté gratis
sur des mauvais, aux dépens des propriétaires, des laboureurs ou des misérables,
de la ruine et des os desquels ils n'ont été
que trop souvent pavés.

Je ne demanderai pas grace pour la lon-
gueur de cette citation. Si j'en avais pu rassembler un grand nombre d'aussi bonnes,
je n'aurais pas de doute sur l'utilité de cet
ouvrage, et j'en attendrais tout l'effet que
le patriotisme fait désirer.

Aux excellentes observations de M. le marquis de Girardin, qu'il me soit permis de joindre une nouvelle vue qui, conservant l'administration anglaise pour les chemins, lui donnera peut être un nouveau dégré de facilité.

En montant sur le trône, Louis XVI y a fait asseoir la sagesse et l'humanité. Ses premières volontés ont été des bienfaits, ses premières actions des exemples. Par une ordonnance, qu'en vain la raison et la sensibilité avaient demandée à ses prédécesseurs, il a soustrait les déserteurs à la mort : ne serait-il pas possible de tirer de ces infortunés de plus grands avantages, même en rendant leur condition moins funeste, et d'affranchir le gouvernement des frais que leur nourriture et leur habillement nécessite ?

En adoptant la méthode que suivent les Anglais, pour la construction et l'entretien des routes, on pourrait donner aux entrepreneurs un moyen de faire faire leurs travaux à beaucoup plus grand marché, d'une

R iv

manière plus prompte , plus solide , et d'empêcher qu'ils fussent jamais abandonnés ; ce
serait de leur confier les déserteurs condamnés à la chaîne : ils les emploieraient à la
construction et à l'entretien des chemins. Des
maisons seraient élevées sur les chemins mêmes , pour loger ces travailleurs. La plus exacte
police y serait établie. Des ordonnances invariables que des inspecteurs incorruptibles
feraient exécuter scrupuleusement , fixeraient
la quantité , la qualité de la nourriture , et
l'espèce de vêtement que devraient avoir les
ouvriers. Les entrepreneurs, dont ils deviendraient en quelque sorte la propriété ,
auraient le plus grand intérêt à les entretenir de manière à les conserver dans un état
de force qui leur permît de ne jamais manquer au travail. Les frères de la charité , répandus dans les campagnes , les secourraient
dans leurs maladies ; et quand elles deviendraient longues et difficiles , on les transpor-
terait dans les hôpitaux voisins.

Pour prévenir les émeutes , assurer l'ordre ,

nécessiter l'obéissance, de distance en distance seraient établies des stations d'invalides, dont les officiers auraient une autorité directe sur les travailleurs, les condamneraient aux peines qu'ils auraient méritées, et seraient les distributeurs des récompenses qu'on accorderait chaque mois à ceux qui, par leur conduite, en seraient jugés dignes. L'humanité et la justice même exigent que l'homme, tant qu'il respire, ne soit jamais assez dégradé pour ne pouvoir pas mériter encore, et ne point obtenir le prix des efforts qu'il fait pour expier ses crimes. Le fond de ces récompenses serait formé des charités qu'un grand nombre de voyageurs ne refuseraient pas de consacrer à cet usage.

Sans doute le nombre des déserteurs ne serait pas assez considérable pour fournir aux travaux qu'exige l'immense étendue des routes qui traversent la France ; mais on pourrait leur joindre ces mendians valides, plus coupables qu'eux, qui enlèvent les aumônes aux pauvres véritables, les vagabons et la plupart des galériens, qui servent peu dans les ports. Hélas ! il n'est que trop de ressources, quand on les cherche dans la perversité humaine.

Un bien grand avantage du plan que je propose, serait celui de forcer les criminels mêmes à empêcher les crimes de se commettre. Les travailleurs établis sur les routes, en seraient la sûreté. Les voyageurs, marchant toujours à portée des habitations, n'auraient plus rien à redouter.

Pour son propre bonheur, pour l'intérêt général, l'homme doit être occupé. Ménageons-lui donc, dans les campagnes, pour tous les âges, pour toutes les circonstances, des travaux qui, en ajoutant à l'aisance des familles, ne laissent aucun individu dans une ennuyeuse et pénible oisiveté. Que par-tout on tire parti des productions du sol, et que dans chaque canton on forme des manufactures pour les employer. Il serait sage d'établir dans les petites villes et dans les bourgs, des métiers pour fabriquer les étoffes propres à vêtir les paysans (2). Ces métiers offriraient aux enfans, aux vieillards, aux infirmes, les moyens de travailler proportionnément à leur âge, à leur force. Il en est peu qui ne puissent donner au lin, au chanvre, à la laine, leurs premières préparations. Il n'est même presque pas d'estropiés absolument incapables de toute espèce d'ouvrages. Les curés, les frères, les sœurs de la charité, éclairés par l'amour du bien et par l'habitude de le faire, parviendraient à rendre encore utiles à leurs semblables des infortunés, qui ne leur seraient peut-être pas à charge, s'ils avaient des guides qui leur apprissent à faire tout l'emploi possible de leurs faibles moyens. Il est un grand nombre de métiers sédentaires et faciles, comme les bas tricotés, les filets, les ouvrages en paille, en osier, en fil d'archal, etc. qui ne devraient être exercés que par la faiblesse et l'infirmité. L'on pourrait y occuper tous ceux à qui leur constitution ou leur vieillesse ne permettent pas de se livrer à la culture des terres, ou aux métiers qui exigent de la vigueur et de la santé.

Les maisons de charité auraient l'inspection
et rétribueraient ces travaux qu'elles auraient
soin d'encourager et de répartir selon le besoin. Elles sauraient elles-mêmes s'en assurer
le débit dans les villes prochaines, et en re-
tireraient un bénéfice qui les mettrait à même
de multiplier davantage les secours. Avec un
peu d'intelligence et beaucoup de zèle, il n'est
point de lieu, quelque aride, quelque dé-
pourvu de ressources qu'il paraisse, qu'on
ne fasse prospérer.

NOTES.

(1) Protéger, encourager, imposer avec modération
et prudence, voilà le droit du gouvernement. Chaque
fond lui doit une portion de son produit ; mais aucun
cultivateur ne lui doit le sacrifice de ses idées, de ses
spéculations et de son industrie. Si son champ lui appartient, sans doute il est le maître de lui demander des
seps ou des épis ; et si ses tentatives sont malheureuses,
bientôt il les abandonne, et son voisin n'est pas tenté
de l'imiter. La liberté, comme on l'a démontré cent
fois, est nécessaire au commerce des grains ; elle l'est
bien davantage à la culture des terres ; la vouloir
diriger par autorité, c'est presque vouloir la détruire ;

c'est ranger le laboureur dans la classe des animaux qui tracent péniblement les sillons qu'ils sont nécessités d'ouvrir.

Quand les magistrats, à qui la haute police appartient dans leur ressort, ont rendu des arrêts pour interdire la plantation des vignes, et pour les détruire dans beaucoup de terreins, ils ont été aussi injustes que s'ils avaient forcé les propriétaires à renoncer à leurs fonds. Ils ont eu des vues fausses, et se sont fait accuser d'en avoir d'intéressées. L'on a cru, l'on a dit que c'était bien moins pour rendre les grains plus abondans, que pour rendre leurs propres vignobles plus précieux, qu'ils forçaient les autres propriétaires à sacrifier les leurs.

N'a-t-on pas vu les meilleures espèces de chevaux s'abâtardir, se perdre dans toutes les provinces, depuis que le gouvernement a voulu diriger les haras ?

(2) On fabrique en Lorraine, et particulièrement à Châtel-sur-Moselle, une espèce de drap nommé *miselaine*, très-propre par sa qualité, sa solidité et la modicité de son prix, à faire de bons habillemens pour le peuple. Les pièces sont communément de trente aunes, et ont une aune et demie de large. On emploie pour chaque pièce, sept livres et demie de fil dont on forme la chaîne, et quinze livres de laine pour la recouvrir. Le prix de la façon est de quatre so's par aune; celui du fil, de vingt-deux sols la livre, et celui de la laine filée, de trente-huit. Il s'y fabrique encore une autre étoffe de moindre qualité, appellée *bage*. Celle-ci se travaille

comme la première ; mais on y emploie un quart de fil de plus, et un tiers de laine de moins. Toutes deux se font comme la toile ; l'une avec trois peignes ou marches, et l'autre seulement avec deux. Le prix de la bure est moindre, et son usage moins bon.

Il serait important de multiplier les manufactures de ces draps peu coûteux, et cependant très-propres à vêtir le peuple, et sur-tout les travailleurs des grands chemins, qu'on habillerait uniformément et à peu de frais.

C'est d'un très-bon ouvrage manuscrit sur l'habillement des troupes, que j'ai emprunté cette note. L'auteur, M. de Prailly, capitaine au régiment de la Marine, joint à toutes les qualités d'un excellent militaire, un goût vif pour l'instruction, la supériorité de talent que les lettres exigent et le charme d'esprit, les sentimens, les vertus qui font naître l'estime la plus vraie et l'amitié la plus tendre. Ce jugement est celui de ses camarades, et de toutes les sociétés dans lesquelles il a vécu. Il m'est doux de le consigner dans un écrit inspiré par l'amour du bien et la sensibilité.

CHAPITRE XIX.

Des Biens communaux.

Non, je ne me ferai pas l'illusion de croire que j'offrirai des idées nouvelles sur les maux sans nombre à détruire, sur les biens immenses à demander. Je le sais, je ne puis que répéter ce qui déjà mille fois a été répété. Cependant la cause du peuple est si belle à défendre, il est si doux de s'occuper des moyens de le rendre plus heureux, que l'ame sensible se plaît toujours à les chercher, espère qu'elle les trouvera, et se flatte même dans son yvresse qu'ils seront adoptés. Quelquefois dans l'impossibilité de rejetter les vues, dont les avantages sont évidens, le gouvernement les adopte, et ordonne qu'elles soient réalisées. De superbes ordonnances sont faites, la sagesse les a dictées, la nation les reçoit avec acclamation ; mais une partie essentielle leur manque, l'exécution. Combien de sages édits ont été

donnés pour régler la manière d'administrer
les biens des communautés ! Et dans quelle
partie du royaume observe-t-on ce qu'ils
prescrivent ? Et pour tout dire, en quels lieux
existe la possibilité de l'observer ? Nulle part
l'ordre n'est établi ; nulle part il n'y a une
surveillance continue ; aussi par-tout les
paysans manquent de bois, leurs pâturages
sont dévastés, leurs biens communs sans valeur : ce qui est livré à tous, est livré à la
déprédation, et ne profite véritablement à
personne. Cependant, par une police nécessaire à chaque village, et bien utile au royaume entier, des montagnes immenses, seulement aujourd'hui couvertes de mousses et de
bruyères, se couronneraient de bois ; des terres en friches produiraient des grains ; les pe-
louses arides deviendraient des prés abondans ; et les hommes, certains d'être nourris
sur le sol qui les a vu naître, ne l'abandon-
neraient pas pour aller surcharger les villes
du fardeau de leur misère, et peut-être bientôt les troubler par leurs vices et leurs excès.

On

On les a vus, ces immenses abus, on a senti
la nécessité d'y parer ; mais on n'y parviendra pas, ou l'on n'y parviendra que par des
moyens plus funestes que le mal même, si
l'on ne donne pas à chaque communauté l'administration de ses propres biens, et si on ne
la force pas d'établir des administrateurs capables de tirer des terreins communaux le parti
le plus avantageux. Je sais toutes les objections qui ont été faites contre le projet de
mettre en valeur ces terreins ; mais je sais
aussi, et c'est la raison et l'examen qui me
l'ont appris, qu'il n'en est pas une qui mérite
qu'on s'y arrête. Je vais détruire la plus spé-
cieuse de toutes, et je me dispenserai de répondre à celles qui ne le sont même pas.

Le bétail est une des plus grandes richesses
des campagnes, et sans laquelle les autres n'e-
xisteraient pas, ou n'existeraient que très-fai-
blement. Il est donc important de l'étendre, de
la doubler même s'il est possible. Comment y
parvenir, si l'on ne conserve pas d'immenses
parcours uniquement destinés à la nourriture

des animaux ? Très - aisément. Quand les bois
sont parvenus à l'âge de huit ans, loin d'être
enlevés à la pâture, ils en offrent une bien plus
abondante. Les herbes, que leur ombrage
empêche d'être dévorées par l'ardeur du so-
leil, croissent mieux et avec plus de vigueur.
Leur feuillage encore donnera de la nourriture au bétail, qui, loin de nuire aux tiges
en broutant leurs rameaux inférieurs, les
forcera de s'élever et de pousser plus promptement. D'ailleurs, il semble qu'où il y a
davantage, il y a plus à recueillir; et certainement un terrein cultivé produira ce que
ne produira jamais celui qu'on laisse à l'a-
bandon. Tandis que l'homme récoltera pour
lui des grains, il ramassera pour ses troupeaux
des pailles qui les nourriront pendant l'hiver;
des prairies artificielles seront établies; dans
les lieux humides des herbages seront formés,
et presque par-tout à la stérilité succédera l'a-
bondance. Cette méthode serait bien préférable à l'usage de laisser errer de malheu-

reux animaux dans des déserts où ils trouvent quelques brins d'herbes, qui les font moins vivre, qu'ils ne les empêchent de mourir. Les récoltes faites, les champs, les prés, restent pour les pâtures, et le bétail perdrait seulement ce qui ne peut le nourrir, en regagnant des moyens très-féconds de subsistance.

Pour parvenir à mettre la culture des communes dans un état florissant, il est nécessaire de les partager entre un grand nombre de particuliers, non pas en leur abandonnant les bois que la communauté doit au contraire conserver avec le plus grand soin, non pas en aliénant les fonds, mais en faisant des acensemens ou des baux à longs termes, qui donnent aux tenanciers le tems et la possibilité de mettre tous les terreins en valeur, et de jouir des fruits de leurs travaux et de leur intelligence. Ces baux, dont il sera peut-être sage d'exiger le payement, partie en argent, partie en denrées (1), seront, comme la justice l'exige, faits au nom et au profit de la communauté, et le conseil sera chargé d'en administrer les revenus, selon le plan que nous indiquerons dans le chapitre suivant.

L'un des citoyens les plus instruits, M. Quesnai, a prouvé que nous perdions annuellement les quatre cinquièmes des produits de notre culture (*). A cette déprédation impardonnable, nous joignons encore la perte de plus d'un cinquième de notre terrein, sous le prétexte de nourrir des troupeaux que ce terrein ne nourrit pas. Hâtons-nous de conquérir sur nous-même ce que notre paresse, nos préjugés, notre ignorance nous enlèvent. Soyons plus heureux, plus riches, en reportant l'aisance et le contentement dans les hameaux.

(*) *Voyez* Encyclopédie, art. grains.

N O T E.

(1) Les paiemens en denrées ont le double mérite d'être plus faciles pour les pauvres qui les font, et plus avantageux pour les riches qui les reçoivent. Ils ôtent aux premiers l'embarras de vendre, et la nécessité

de vendre à bas prix, parce qu'ils n'ont pas la possibilité d'attendre. Ils donnent aux seconds une plus
grande certitude d'être payés, et les moyens de profiter des circonstances où les grains ont plus de valeur.
D'ailleurs, si les communautés exigent qu'au moins une
partie des paiemens qu'elles auront à recevoir soient
faits en denrées, leurs administrateurs pourront plus
facilement porter des secours prompts et nécessaires,
ce qui n'est pas toujours possible, seulement avec de
l'argent. Cette idée est développée dans le chapitre
suivant.

CHAPITRE XX.

Établissement d'Administrateurs dans chaque Communauté.

Toutes les bonnes institutions existent dans le monde ; mais éparses et presque partout affaiblies. La suprême sagesse serait de les rassembler, de les fortifier, et d'élever un empire à l'état de perfection, en empruntant de tous les peuples les usages utiles, les établissemens sages, et les bonnes méthodes qui peuvent s'accorder avec chaque gouvernement ; et peut-être n'est-il point, ou du moins est-il fort peu de choses importantes, avantageuses à un pays, qui ne le soient à tous.

Chaque village d'Italie a, sous le nom de podestats, une espèce de magistrats élus par la communauté, que leur place honore, et qui cherchent par leurs soins, leur exactitude et leur probité, à se rendre dignes de la confiance qu'ils obtiennent. Leurs fonctions ne ressemblent en rien à celles des échevins, des maires, des consuls de nos villages, qui sont presque toujours de malheureux paysans, sans aucunes lumières, sans autorité réelle, qui n'ont que l'affreuse prérogative d'être accablés de tout le poids des charges, d'être emprisonnés quand ils n'ont pu rassembler ou compléter de leurs deniers la totalité des impositions, quand toutes les corvées ne sont pas faites ; qui, enfin, répondent et sont punis de toutes les fautes, et n'obtiennent pas le plus faible dédommagement ; aussi cherchent-ils à s'exempter de ces places, justement regardées comme ruineuses et très-pénibles.

Un podestat choisi par l'estime, obtient la reconnaissance et le respect. Il entretient la police, maintient la paix, sait quels biens sont à faire, quels maux à détruire, quels moyens sont à employer. Directeur sage et utile, et sensible à la gloire, il est content si, par une inscription honorable, on rend justice à sa vertu.

Ces magistrats, si utiles en Italie, le se-

raient également en France, si on les y établissait. Dans notre système cela deviendrait
facile, puisque nous ramenons dans les campagnes un si grand nombre d'hommes aisés,
dont, sans doute, le principal bonheur serait
de les faire prospérer. D'ailleurs, qui empêcherait les communautés de porter leur choix
sur les curés, les vicaires, les frères de la
charité, les officiers de la justice, et sur les
seigneurs même? Malheur, cent fois malheur
à celui qui ne sentirait pas la joie pénétrer
dans son sein, qui ne verserait pas des larmes
d'attendrissement, lorsqu'un vénérable habitant de son village viendrait lui dire : *Nous
vous aimons, nous avons pour vous de l'estime, nous vous avons choisi pour notre guide,
pour notre ami, pour notre père, vous êtes
podestat !* Si ces paroles m'étaient adressées,
comme elles résonneraient au fond de mon
cœur ! Avec quel doux transport n'embrasse-
rais-je pas le respectable vieillard ! Je l'aban-
donnerais bientôt ; je le laisserais lentement
suivre mes traces, et je volerais, au milieu

des électeurs , recevoir l'honorable emploi dont ils m'auraient cru digne.

Je jurerais par eux ; je jurerais par le Dieu dont eux et moi sommes également les enfans ; je jurerais par la reconnaissance et l'amour, que je les regarderais comme ma propre famille ; que mon soin le plus cher serait de m'occuper de leur bonheur, de leur donner l'exemple de la sagesse, et de récompenser le travail en multipliant parmi eux les innocens plaisirs.

A ce podestat on devrait joindre des conseillers qui formeraient avec lui le bureau d'administration de chaque communauté : il pourrait être composé de trois ou six personnes, selon le nombre , le besoin , les ressources des habitans. Ces places électives ne seraient remplies que par des sujets choisis à la pluralité des voix , et auxquels tous les deux ans il serait libre de donner des successeurs. Les choix tomberaient ordinairement sur des bourgeois respectables , sur des prêtres , des laboureurs intelligens et vertueux , les frères et les sœurs de la charité, et même les veuves, sages et riches, capables de bonnes vues et de bien régler les objets qui leur seraient confiés. Pourquoi éloignerait-on d'un conseil d'économie et de bienfaisance, le sexe le plus propre à les réunir, à les exercer toutes deux ?

Le bureau s'assemblerait une fois par semaine ou tous les quinze jours ; et quand des affaires imprévues l'exigeraient, ils serait convoqué par le podestat ou par son représentant. Ses fonctions seraient d'administrer les biens de la communauté, de percevoir ses revenus, de chercher et de proposer aux assemblées générales les meilleurs emplois à en faire. Il serait chargé de la police, nommerait des gardes, ou se servirait de ceux des seigneurs pour la faire exercer. Il ordonnerait et dirigerait les travaux communs, bien entendu qu'à moins de cas pressans et extrêmes, il n'emploierait pas la méthode oppressive des corvées ; les travaux, au contraire, deviendraient des moyens de bienfaisance. Par exemple, ayant reconnu la nécessité de réparer les chemins vicinaux, il ne forcerait pas les laboureurs d'abandonner la culture de leurs champs, pour des ouvrages que d'autres bras pourraient faire aussi bien que les leurs. Il choisirait par préférence les journaliers qui ne seraient pas occupés, employerait les enfans les plus forts, et louerait les chevaux des voituriers qui ne seraient pas en route, et ceux des cultivateurs qui n'en auraient pas besoin. Le salaire serait proportionné à la force, à l'âge, et sur-tout à l'exactitude de chaque ouvrier, et les travaux seraient surveillés par l'un des administrateurs.

Le bureau aurait encore l'inspection sur les écoles, sur la maison de charité. Il connaîtrait les besoins généraux, s'instruirait de ceux des particuliers, et chercherait la manière la plus facile d'y pourvoir. C'est pour la lui faire trouver, que nous avons proposé d'affermer les communes, moitié en argent et moitié en denrées. C'est seulement par ce moyen qu'il sera possible de remplir les vues d'une administration sage et bienfaisante.

Avec l'argent, les travaux des journaliers seront payés chaque soir ou chaque semaine ; avec les denrées, les accidens inopinés, les malheurs imprévus seront promptement réparés, au moins en partie ; prêtées même ou données à propos, elles empêcheront la ruine entière de plusieurs familles. Combien n'en est-il pas qui n'ont été réduites à la plus extrême pauvreté , que parce qu'elles ont manqué des secours nécessaires pour prévenir leurs pertes ou pour y rémédier ? Un incendie a consumé tout le fourrage, tous les grains d'un laboureur ; ses champs, son bétail lui restent ; mais ses champs sont nus, son bétail est affamé. S'il n'est point aidé, il faut qu'il laisse ses fonds sans culture, et que pour subsister avec sa famille, il vende les animaux qui faisaient sa richesse ; mais s'il pouvait emprunter des denrées, avec la facilité de ne les rendre qu'en plusieurs termes, il parviendrait enfin, en redoublant d'économie et de travail , à se remettre bientôt dans son premier état. Les exemples s'offrent en foule ;

et il n'est pas nécessaire d'avoir long-tems
arrêté ses yeux sur les campagnes, pour juger combien il est de circonstances où de
simples prêts empêcheraient des familles de
tomber de l'aisance dans la plus affreuse misère.

Sans doute il faudrait des bâtimens pour
renfermer les denrées, et ces bâtimens deviendraient un objet de dépense assez considérable ; mais quand on a de l'argent, on a un
sûr moyen d'acheter une bourse ; et si nous
donnons des revenus aux communautés, il
faut bien qu'elles fassent des frais pour les
percevoir. D'ailleurs, des greniers capables
de contenir quelques milliers de foin et quelques centaines de boisseaux de blé, ne sont
pas des édifices bien coûteux. Beaucoup de
villages même auront la possibilité de s'en
passer, soit en plaçant leurs denrées dans
la maison des sœurs de la charité, ou dans
un lieu construit à dessein sur le sallon des
vieillards. Au reste, les circonstances rela-
tives détermineront les administrateurs; qu'ils

existent seulement, et bientôt l'intelligence,
la sagesse, l'économie seront les principes
par lesquels se dirigeront toutes les communautés.

Un grand, un inestimable avantage de l'é-
tablissement de ces bureaux, sera l'anéantis-
sement total de la mendicité. Un mendiant
échappé d'un village, en deviendra la honte:
il prouvera que la prévoyance, les soins, l'ordre et l'humanité n'y existent que faiblement.
Mais non; chaque administration éclairée par
les administrations voisines, animée du désir
de servir d'exemple à son tour; à l'amour du
bien, passion des ames simples et tendres,
joindra l'émulation que donne l'envie de
n'être pas surpassé, et même d'obtenir le
premier rang dans l'estime. Les vagabonds
seront également détruits, parce que personne
ne pourra quitter sa paroisse sans avoir un
certificat de son bureau, qui donnera témoignage de ses mœurs, et des motifs de son
départ. En rendant ces certificats nécessaires,
puisqu'on arrêterait tous ceux qui n'en se-

raient pas pourvus, il y aurait une manière d'empêcher qu'ils ne fussent accordés avec trop de facilité. Ce serait lorsqu'un homme du peuple menerait loin de ses foyers une vie licencieuse, ou commettrait une faute grave, de condamner à une amende le bureau qui lui aurait donné une attestation de la sagesse de sa conduite et de la bonté de ses mœurs. Après deux ans d'absence, les administrateurs ne répondraient plus des sujets sortis de leur village. Peut-être faut-il moins de tems pour que les honnêtes paysans se corrompent dans les villes. Les certificats pourraient être assujettis à des droits légers, dont le produit serait employé à des objets d'utilité pour la commune.

On sent combien ces vues peuvent s'étendre, combien il est aisé de les modifier à l'infini; c'est assez pour moi de les indiquer. Je fais plutôt des vœux, que je n'offre des idées; mais ces vœux sont l'élan de mon cœur. Pourquoi n'espérerais-je pas que l'amour du bien qui l'anime, que l'ardent désir de la félicité des hameaux, qui l'enflamme, échaufferont aussi des hommes capables de réaliser mes souhaits, et les engageront à élever, sur des fondemens solides, l'édifice du bonheur public? Non, je ne crois pas me faire illusion en pensant qu'il est possible, qu'il n'est pas même difficile à construire; et mon sentiment m'assure que tout homme éclairé, vertueux et sensible, avec le pouvoir que donne l'autorité, parviendrait bientôt à changer les mœurs et le sort de la France. Il faudrait qu'il eût la volonté forte et constante de la rendre heureuse, qu'il s'entourât de sages, qu'il leur demandât des plans, qu'il les fît exécuter, et il ferait jouir le peuple Français de plus de bonheur qu'on n'en connut jamais sur la terre.

CHAPITRE

CHAPITRE XXI.

Des Amusemens.

FAUT-IL que le peuple s'amuse, que la joie soit pour la lui suite et la récompense du travail ? Oui, il le faut ; parce que c'est la loi de la nature qui, de la peine, fit la mère du plaisir. Tout gouvernement où le peuple est sans mouvement, sans gaieté, et dans les jours de fête s'occupe tristement des soins du lendemain, est un gouvernement vicieux, et qui tend à sa ruine. Cette incontestable vérité serait anathématisée sous le détestable empire d'un despote, où servir, trembler, s'anéantir, est le déplorable lot de la multitude ; dans une dure aristocratie, où des maîtres altiers commandent à une troupe d'esclaves. Mais dans ces heureux états où le peuple est lui-même souverain, ses magistrats mettent au rang de leurs premiers devoirs le soin de lui donner continuellement le sentiment de son bonheur. Pendant six jours d'occupa-

T

tions et de fatigues, il en espère un septième,
où, dans un repos animé, tous les amusemens
qu'il est capable de goûter seront rassemblés
pour lui. Les monarchies bien ordonnées adop-
teront le même régime, et le monarque trem-
blera lorsque le peuple ne rira plus.

Depuis l'impérieux ministère du Cardinal
de Richelieu, une foule de causes se sont
réunies pour dénaturer le caractère aimable
et gai des Français. Ils ne sont plus ce peuple
léger, sensible, facile à émouvoir, comme
ils l'étaient sous le règne du bon Henri. Ar-
rachée par Louis XIII à ses châteaux, la riche noblesse avec elle entraîna loin des campagnes, l'aisance et la gaieté; elles n'existèrent plus que dans les provinces trop éloignées de la cour, pour que les seigneurs opulens les abandonnassent dans des tems où les
communications étaient presque impraticables.
La Provence, le Languedoc, la Guienne, le
Poitou, la Bretagne, conservèrent leurs joutes, leurs jeux, leurs galoubets, leurs chants,
leurs danses et leur bonheur. L'Alsace n'ap-
partenait point à la France; le Roussillon, la

Flandre et la Franche-Comté, tranquilles, riches (1), et presque oubliées de leurs souverains, faisaient partie de la domination d'Espagne ; les Lorrains vivaient sous le gouvernement paternel de leurs ducs.

Louis XIV, en imprimant à la nation un caractère de grandeur qu'elle n'avait jamais eu avant lui, en attirant sur lui-même et sur ses sujets l'attention, le respect et l'admiration du monde, en formant des armées trop puissantes et peut-être trop long-tems victorieuses, en prodiguant les récompenses aux productions des arts, en préférant les richesses précaires du commerce, à la richesse certaine de l'agriculture, en s'occupant plus de la décoration de sa capitale et des principales villes de son royaume, que de la félicité des campagnes ; Louis XIV, séduit par l'éclat dont il s'environnait, peut-être sans le vouloir, éblouit ses sujets. Sous son règne, tout fut grand avec excès, et la décadence se prépara par les causes mêmes qui produisaient l'enthousiasme. Les dépenses énormes du monarque, appauvrirent la nation. Les malheurs

arrivèrent ; mais, soutenus avec courage, par
un roi qui sut, dans ses disgraces, s'élever au-
dessus de lui-même, le Français fut abattu,
mais non pas avili.

Dans ses mains, les ressorts du gouvernement, trop tendus, avaient agi avec trop de
force : effet inévitable de la distribution excessivement inégale des richesses dans les
grandes monarchies ; dans les mains de son
successeur, ils se relâchèrent. L'argent eut
trop de prix, la vertu pas assez de valeur.
Louis XV, à qui la nature avait donné toutes
les qualités nécessaires pour faire un bon roi,
n'en vit pas moins le vice se propager pendant
son règne, et l'honneur, ce puissant ressort
des empires, s'affaiblir parmi les Français. Des
esprits gais, brillans, et qui passèrent les bornes de la véritable liberté, parvinrent aisément à répandre du ridicule sur les principes les plus respectables ; on en secoua le
joug nécessaire, et si l'on sut rire de tout, on
ne sut plus rougir de rien : la licence qui régna
dans les villes, y attira une foule de nouveaux
habitans, qui l'augmenta en la partageant.

Des guerres, dont les unes ne produisirent que des succés inutiles, de nouvelles preuves de l'éclattante valeur des Français et de grands exemples de la modération de leur roi ; dont les autres furent ruineuses par les énormes dépenses qu'elles nécessitèrent ; et mille autres causes, dont plusieurs avaient une origine plus éloignée, épuisèrent la France sous ce règne, et forcèrent le gouvernement à recourir quelquefois à des ressources extrêmes. Les campagnes, qui supportent toujours la plus lourde part du fardeau, furent surchargées, et avec l'aisance, la joie s'envola loin d'elles. Elles ne ressemblent plus à ces peintures riantes qui en ont été faites du tems de nos pères ; leur repos est sombre, leurs plaisirs sans gaieté. Une inaction stupide, ou le cabaret et les cartes, sont leurs uniques délassemens ; délassemens qui les plongent dans l'abrutissement, et produisent parmi eux des querelles, des batailles et des malheurs.

Enfin Louis XVI régna. L'ivresse de la joie ranima tous les cœurs ; et depuis neuf ans qu'il gouverne, ce monarque justifie l'enthou-

siasme qu'il a produit. Comme Henri, il trouvera sa félicité dans la félicité de ses sujets :
c'est son peuple, c'est sur-tout ses bons paysans qu'il voudra rendre heureux ; et il saura
bien retrouver un Sully qui ramène l'abondance dans les campagnes, et à sa suite l'industrie et le bonheur.

La noblesse française, imitatrice par caractère, est généreuse par sentiment. Ce sera avec
la plus grande ardeur, et bientôt avec lumière,
qu'elle secondera son souverain. Les seigneurs
habiteront davantage leurs terres ; et pour y
trouver de l'intérêt et du plaisir, ils feront
naître le plaisir et l'intérêt autour d'eux ; mais
ils auront soin que la décence et la sagesse
les accompagnent. La récompense du travail
et de la vertu pourrait-elle devenir une source
de dissipation et de vices ?

Le choix des amusemens dépendra des circonstances, des saisons, des situations, de
l'intelligence de ceux qui le dirigeront. Il est
un art de les rendre également utiles au peuple et à l'état lui-même. On sent que tous les
jeux doivent être de mouvement, et que, s'il

en est de plus tranquilles, ils seront le partage des gens d'un âge avancé. En général, il faut préférer ceux qui, en exerçant les forces, nécessitent l'adresse, comme la course, l'arc, la bague, le battoir, et les joutes sur l'eau, dans les lieux voisins des grandes rivières. La danse, que je suis loin d'exclure, sera réservée pour l'hiver et pour tous les jours où le tems ne permettra pas de s'exercer en plein air. Des prix de peu de valeur, mais suffisans pour exciter l'émulation, seront la récompense de ceux qui auront réussi.

Ces jeux, toujours favorisés par les seigneurs, seront souvent l'effet de leur amitié pour leurs vassaux, et du besoin qu'ils auront eux-mêmes de prendre part à leur joie. Il n'est pas à craindre qu'il en soit d'assez peu prudens pour introduire, ou même pour ne pas arrêter la licence, si elle s'introduisait dans une institution faite pour donner des consolations et des encouragemens à des hommes laborieux. Le corrupteur du peuple serait aussi coupable que le séducteur de l'enfance. Pour nous, qui sommes si loin de l'innocence, le trouble, le désordre de notre ame, la continuelle révolte de nos sens et de notre cœur, nos soucis, nos chagrins, nos remords que, malgré tous nos efforts, nous n'étouffons jamais entièrement, et cette douloureuse alternative de fautes et de repentir que nous éprouvons presque toujours, nous apprennent assez quel bien nous enleverions au peuple, si nous lui faisions perdre sa simplicité et ses mœurs. Une fois écarté des routes de la sagesse, il pourrait moins que nous y rentrer.

Pour que l'état prospère, il est nécessaire que les sujets soient heureux; par conséquent, il est essentiel que le peuple soit amusé, mais il est aussi de la plus grande importance, que les plaisirs qu'on lui présente, aient le double avantage d'entretenir en lui l'habitude de la gaieté, et de le détourner de toutes les idées du vice. On y réussira, si ces jeux sont dirigés par les administrateurs de la commune, s'ils ont soin de les varier, de leur donner un intérêt vif, et s'il n'y a point d'assemblée, qui ne soit présidée au moins par l'un d'entre eux, non pour en bannir la joie, mais pour y maintenir la décence. Le mouvement des écoliers n'est pas arrêté par la présence d'un régent raisonnable. Celui de la jeunesse des villages ne le sera pas davantage quand elle aura le seigneur, l'un des membres de l'administration, ou l'un des principaux habitans, pour témoin de ces jeux, il n'est pas même à craindre que l'habitude de les voir fasse jamais oublier les égards qui leur seront dûs. La douce confiance, la sage liberté s'établiront, sans que le sentiment du respect soit affaibli.

Nous ne pensons pas que les seigneurs, quand ils seront dans leurs terres, les officiers des justices, les administrateurs et les curés, regardent comme un devoir pénible le soin de préparer et de présider aux plaisirs purs et vrais des villageois. Quelle ame insensible ne serait pas touchée du ravissant tableau que présenteront des hommes heureux, par des moyens faciles et simples !

Quel cœur ne se pénétrera pas de volupté, en travaillant à faire le bonheur, à conserver

l'innocence d'une classe d'hommes inférieurs,
qui seront bien plus heureux que nous, si
l'on s'occupe à les ranimer, à leur donner un
sentiment plus doux de leur existence? Peut-
être même, et j'aime à le croire, peut-être
retrouverons-nous la tranquillité, les touchantes vertus et cette paix, qui nous fuit au
milieu de toutes nos fausses jouissances, en
vivant au sein de la nature, en écoutant sa
voix, et en cherchant à faire la félicité de
ses enfans, qui ne se sont pas encore éloignés d'elle. Hélas! nous avons presque tous
le besoin de renaître, et nous ne le pouvons
qu'au hameau.

Les amusemens des jeunes femmes et des
filles du peuple, doivent au moins intéresser autant les sages administrateurs, que ceux
des hommes. La dame du château, les sœurs
de la charité, les principales habitantes du
lieu s'occuperont de l'heureux soin de leur
en procurer de convenables à leur âge, à
leur sexe, et sur-tout que ne puisse pas ré-
prouver la vertu. Ce n'est pas dans les récréa-
tions innocentes, dans les plaisirs animés et

purs, que se détruit la sagesse; c'est dans la solitude, l'inoccupation et l'ennui. Amenez la gaieté, multipliez les dissipations, forcez le corps au mouvement, si vous voulez conserver la sagesse. L'imagination qui n'est pas distraite, devient bientôt un ardent foyer qui embrâse les sens. Peut-être serait-il facile de prouver que, sur-tout parmi les femmes, les plus grands déréglemens n'ont eu pour premières causes, que le désœuvrement et la privation des plaisirs légitimes.

L'amour (car nous daignons honorer de ce nom notre débauche) l'amour, cette grande, cette affaire presque unique pour nous, était rarement dans les anciennes républiques, autre chose qu'un sentiment faible et momentané. La raison en est bien simple. Les hommes étaient toujours rassemblés et en mouvement; et les femmes n'étaient pas dans l'oisiveté. L'amour est l'enfant du repos et de la richesse; la sagesse est fille du travail content et de la pauvreté.

Déjà l'on a trop laissé perdre l'usage de célébrer ces fêtes, qui étaient des jours de ré-

jouissances pour les habitans des campagnes.
Je voudrais qu'on rallumât les feux de la S.
Jean, qu'on rétablît, si plus d'aisance le permettait, les repas de la S. Martin ; que les
devoirs de la religion remplis, la fête du patron
ramenât les jeux, la danse, et tous les plaisirs permis. Présidés par un prêtre respectable, par les chefs de famille, par leurs sages
épouses, et par les vertueuses sœurs de la charité, quel danger pourraient avoir ces plaisirs ? Leur perspective, et celles de quelques
autres jours de réjouissances, empêcheraient
que le peuple ne fût accablé comme il l'est,
sous le poids d'une année de fatigue, seulement suspendue par quelques instans de langueur et d'ennui. Le plus grand des législateurs, Moïse, pour adoucir son peuple féroce,
le consoler et le soutenir, sut lui ménager des
intervalles de repos, l'occuper par des fêtes,
l'intéresser, l'attacher par des jeux.

Pourquoi ne faisons-nous pas circuler la
joie dans tous les ordres de la nation, quand
elle éprouve des évènemens heureux ? Le peuple des campagnes ne doit-il donc connaître

que l'excès du travail, l'assujettissement et la misère ? C'est sur lui que porte tout le poids des guerres ; c'est lui qui souffre principalement de tous les désastres ; c'est lui sur-tout qui est la victime de toutes les erreurs du gouvernement ; et c'est lui qu'on néglige, qu'on oublie dans les succès, et qui les ignorerait peut-être, s'il ne lui était commandé de rester plus long-tems dans les temples, pour entendre chanter des hymnes qu'il ne comprend pas. Ah ! qu'il serait aisé, par des réjouissances peu coûteuses, mais ménagées avec intelligence, de l'intéresser vivement à la prospérité de la nation ! Dans tous les villages, chaque victoire, chaque paix glorieuse, chaque naissance d'un héritier du trône, devraient être célébrées par des fêtes gaies et touchantes, qui réuniraient le mouvement, le spectacle, et un éclat proportionné à la simplicité champêtre. Dans les transports d'une joie pure, l'ame de tous les cultivateurs s'ouvrirait au patriotisme ; et c'est avec orgueil, avec amour qu'ils s'écrieraient : *Je suis Français.* Ils l'aimeraient, cette France qu'ils connaîtraient, ils la défendraient jusqu'à la dernière goutte de leur sang ; ils prodigueraient, dans les tems de besoins, leur argent, leurs peines, leur vie, et se trouveraient heureux de tout sacrifier pour elle. L'enthousiasme dont ils seraient animés, passerait à leurs enfans, et des liens d'amour enchaîneraient à jamais les sujets aux monarques. Ah ! si les monarques voyaient, savaient et voulaient !

Un établissement encore qui pourrait être d'une grande utilité dans les campagnes, et qui donnerait à leurs habitans les idées de morale qui leur conviennent, ce serait d'y faire jouer quelquefois des drames, dont les situations et l'intérêt seraient à la portée des spectateurs.

Qu'on ne croie pas que je veuille élever des tréteaux dans les villages, y bâtir des théâtres, et y attirer les vils histrions, qui, par leurs farces basses et dégoûtantes, dégradent et corrompent la populace des villes. Une idée aussi funeste est loin de moi ! Non, je ne veux que rassembler tous les moyens de perfectionner le peuple, en le rendant moins malheureux. C'en serait un très-puissant de mettre de tems

en tems sous ses yeux, les plus touchantes
images de la vertu. Il serait facile d'animer
ces représentations, et de leur donner un vif
intérêt ; mais ce ne serait jamais que les mœurs
champêtres qu'il faudrait peindre , et il faudrait toujours les offrir dans leur plus grande
pureté ; j'en bannirais même avec sévérité
l'amour le plus innocent. Sans son secours ,
combien de ressources ne se présenteraient
pas aux auteurs sages et sensibles, pour émouvoir , pour attacher des ames simples non encore épuisées par les fortes agitations ? Avec
quel attendrissement ne verraient-elles pas le
bon père de famille entraîné par son cœur,
dirigé par sa prudence, partager ses soins et
sa tendresse entre une femme estimable, des
enfans soumis, et des domestiques fidèles ;
le paysan charitable , toujours prêt à donner
de bons conseils , à rendre des services , à porter des secours ; le bon ami, le bon fils, la
bonne mère, le bon maître, le domestique
zélé , le seigneur bienfaisant, le curé généreux , etc. etc. ? On parviendrait aisément à
nouer une intrigue intéressante pour chacun

de ces sujets, dont la pièce des trois Fermiers, les Moissonneurs, quelques scènes de Nanine, offrent d'excellens modèles.

Les actions touchantes, les traits de vertu des habitans des campagnes, seraient encore des sujets bien propres à être représentés sur les scènes champêtres. Ce serait même ceux qu'on devrait préférer, en conservant les noms des héros, et tout ce qu'il serait possible de ne pas retrancher de l'action même. Quelle récompense, quel encouragement pour la vertu, que d'être immortalisée dans les lieux où elle s'est montrée dans toute sa beauté, que de ranimer, par une représentation vive, le sentiment d'admiration et d'amour qu'elle inspire!

Si l'usage s'introduisait de jouer, quatre ou cinq fois chaque année, des drames champêtres dans les villages, ma voix s'éleverait vers cet écrivain qui a su parler au peuple un langage énergique et sublime, et toujours naturel. Je demanderais à l'auteur *du Paysan perverti*, *de la vie de mon Père*, *et de la Malédiction paternelle*, un théâtre pour le peuple, et je croirais

croirais lui donner la plus forte preuve de ma profonde estime pour ses talens. Eh ! quel plus digne usage pourrait-il en faire ? Les meilleurs ouvrages ne préserveront pas les habitans des villes. Le vice a jetté en eux de trop profondes racines ; mais le peuple des campagnes peut encore être préservé, et il est de nombreux moyens de le perfectionner. De concert avec le gouvernement, les évêques et les magistrats, les écrivains pourront s'en saisir, et la gloire qu'ils acquerront en excitant à la vertu des cœurs simples et non corrompus, sera bien préférable à celle qu'obtiennent ces écrivains ingénieux et subtils, qui amusent quelques instans notre oisiveté.

Je l'invoquerais aussi, cet aimable moraliste des enfans (*), qui mérite toute la reconnaissance des pères. Il réaliserait une idée qu'il a en quelque sorte prévenue dans la préface du recueil de ses Romances, et il ne dédaignerait pas de composer pour le peuple quelques tableaux doux, naïfs, sen-

---

(*) M. Berquin.

V

sibles, comme ceux qu'il compose pour les enfans.

L'établissement des théâtres champêtres ne sera ni cher, ni difficile. Il n'est pas besoin d'argent et de grands soins, quand on y supplée par un peu d'intelligence et beaucoup de sensibilité. Quelques tonneaux placés dans le fond d'une grange, sur lesquels on clouera des planches devenues inutiles à tout autre usage, formeront un théâtre convenable à la simplicité des hameaux. Les décorations en seront faites avec des branches enlevées aux forêts, et les fleurs des prairies leur donneront tout l'éclat nécessaire. Les acteurs seront choisis parmi les élèves des écoles, et même parmi les jeunes gens des deux sexes qui voudront et seront jugés capables de remplir les rôles. Ces spectacles n'entraîneront les familles dans aucunes dépenses, puisque les sujets des pièces ne seraient jamais tirés des conditions supérieures à celles du peuple ; ainsi, pour les jouer, il ne serait pas besoin d'autres habits que ceux d'un usage ordinaire.

Pour qu'elles fissent une impression plus agréable et plus profonde, le nombre des représentations serait fixées à cinq ou six par an. Le plaisir s'émousse quand il est trop souvent ramené, et il n'est de vraie jouissance qu'autant qu'elle est précédée par le désir. D'ailleurs, il serait à craindre que ces jeux trop multipliés ne nuisissent aux soins continus que la vie champêtre exige. Adoucissons le travail, que l'amusement en soit quelquefois le prix, et que jamais il n'en détourne. Quelques jours de solemnité pastorale, où l'on offrira aux cultivateurs les douces images de leurs vertus, ne pourront que perfectionner leur ame, y graver la morale propre à leur état, faire germer en eux les bons sentimens, qui n'attendent pour se développer que l'instant où l'on saura les exciter et donner plus d'empire aux préceptes, en leur prêtant le charme du dialogue et de la réprésentation.

O, riches ! votre désir est le désir universel. Vous voulez être heureux : mais ce n'est pas dans le trouble, dans le vide, au milieu des

faux plaisirs, parmi les vices et les regrets qui
les suivent, que vous trouverez le bonheur ;
c'est loin des villes opulentes et perverses,
c'est au sein de la nature que votre imagination vous l'a cent fois montré. Elle vous a
tracé le ravissant tableau de la vie que vous
pourriez mener dans les hameaux, et vous
avez soupiré, sans avoir le courage de briser
vos chaînes ! Ayez enfin la force de les rom-
pre, et de jouir de la paix au sein de l'innocence. Quand nous l'avons perdue, cette
précieuse innocence, nous la respectons,
nous la chérissons encore dans les autres,
si nous ne sommes pas entièrement dépravés. Les ames faibles et tendres, trop su-
jettes à faire de fréquentes chûtes, sont encore
dans leurs faiblesses mêmes, amies de la vertu.
Elles se relèvent, en quelque sorte, par l'amour
qu'elles ont pour elle, et par l'appui qu'elles
voudraient lui donner. Ah ! qu'elles viennent
l'affermir, l'encourager, la protéger parmi
les habitans des campagnes ; elles la retrouveront elles-mêmes avec le calme et la félicité.

NOTE.

(1) Si ce n'est que l'argent qu'on nomme richesse, ces provinces n'en avaient pas; mais si l'on ne prend pas le signe pour la réalité même, on conviendra que ces pays possédaient la richesse véritable , puisqu'ils avaient dans la plus grande abondance toutes les denrées, et qu'aucune des choses nécessaires , utiles et même commodes ne leur manquait. Sans doute, depuis qu'ils appartiennent à la France, l'argent y est moins rare; mais l'argent les a réellement appauvris , puisqu'il a fait naître le luxe des riches qui dévorent le peuple; puisque les impôts sont devenus hors de toute proportion avec les biens; puisque les habitans des campagnes , qui consommaient les meilleures productions de leur sol, sont à présent forcés de les vendre , et se nourrissent d'un pain plus grossier que celui qu'on donne aux chiens.

CHAPITRE XXII.

Conclusion.

EN cherchant à réaliser l'idée de la perfection et de la félicité possibles, on se livrerait à la plus séduisante, mais à la plus grande de toutes les chimères ; ainsi, l'on conçoit que j'ai moins dû tracer un plan de bonheur absolu pour le peuple, que celui d'un bonheur relatif à nos lois, à notre climat, à notre religion. Je crois la marche que j'ai suivie simple et sage, parce que j'ai voulu prendre pour guides la raison, la justice et le sentiment.

Je n'ai pas prétendu rendre le peuple seul heureux : il ne peut l'être sans que tous les ordres le soient avec lui.

Les plus vicieux de tous les gouvernemens, sont ceux de l'Asie, où chaque caste forme un établissement isolé, qui n'a de commun avec les autres castes, qu'un maître qui les opprime, l'antipathie que chacune d'elle éprouve pour toutes les autres, et qu'elle leur inspire à son tour.

Les nations vraiment fortes et heureuses, sont celles qui ne forment qu'un seul corps, dont toutes les parties distinctes, mais intimement liées, agissent et réagissent continuellement les unes sur les autres. Ainsi, pour rendre une classe meilleure et plus fortunée, il faut travailler à la perfection et au bonheur de toutes.

La base de la félicité publique, est la vertu générale.

Ce ne sont ni les richesses ni les conquêtes qui rendent un état puissant et heureux : en bannir les vices, autant qu'il est possible, en écarter la corruption, voilà le sûr moyen d'en assurer la durée, d'y fixer le bonheur. Mais comment y parvenir ? Par l'autorité de la religion. Tous les législateurs en ont senti la nécessité ; tous l'ont regardée comme l'unique frein capable de modérer les passions déréglées, de tenir tous les ordres dans un juste équilibre.

Ces ordres, unis les uns aux autres par des rapports continuels et par les liens de la bienveillance universelle, formeront une chaîne indestructible. Mais des sujets absolument étrangers à l'administration, ne seront jamais des citoyens : ils connaîtront un maître, ils l'aimeront, s'il est vertueux ; mais, toujours passifs, ils ne seront pas pénétrés de l'amour de la patrie, qui seul donne l'amour des grandes choses, et qui seul produit la félicité publique.

FIN.